奢·简

我的奢侈品牌管理艺术

[法]丹尼斯·莫里塞特　著

陈丽　译

电子工业出版社·

Publishing House of Electronics Industry

北京·BEIJING

版权贸易合同登记号 图字：01-2024-2204

图书在版编目（CIP）数据

奢·简：我的奢侈品牌管理艺术 / (法) 丹尼斯·
莫里塞特 (Denis Morisset) 著；陈丽译. -- 北京：
电子工业出版社, 2024. 10. -- ISBN 978-7-121-48910
-5

Ⅰ. F416

中国国家版本馆CIP数据核字第202411JQ48号

责任编辑：白　兰
印　　刷：中国电影出版社印刷厂
装　　订：中国电影出版社印刷厂
出版发行：电子工业出版社
　　　　　北京市海淀区万寿路 173 信箱　　邮编：100036
开　　本：710×1000　1/16　　印张：15　　字数：191 千字
版　　次：2024 年 10 月第 1 版
印　　次：2024 年 10 月第 1 次印刷
定　　价：108.00 元

凡所购买电子工业出版社图书有缺损问题，请向购买书店调换。若书店售缺，请
与本社发行部联系，联系及邮购电话：（010）88254888，88258888。

质量投诉请发邮件至 zlts@phei.com.cn，盗版侵权举报请发邮件至 dbqq@phei.
com.cn。

本书咨询联系方式：bailan@phei.com.cn，（010）68250802。

前言

品质中国与奢侈品牌

20 世纪后半叶，中国开始实行改革开放。随着中国的迅速崛起，中国人在奢侈品领域的强大消费力让世界分享到中国经济发展的成果。"买买买"成为一种对中国消费方式的调侃，而在调侃之余，很多有识之士意识到，在这种令世界惊讶的购买力背后，更值得探究的是一个民族的创造力和输出力。

中华文明是伟大的文明，中华民族是伟大的民族，其所创造的灿烂的物质文明和精神文明举世皆知。例如，中国的瓷器和丝绸曾经是欧洲王室和贵族争相竞购的奢侈品，中国的哲学思想与文化艺术曾得到欧洲文化巨擘伏尔泰、莱布尼茨等人的称道和传扬。

在当今中国的伟大复兴之路上，令世界瞩目的成就之一是在人民共同富裕的理想中实现数亿中国人的脱贫。在此社会基石上，中国同样在追寻其文明发展的新高点，正在沿着富、强、美的伟大道路，一步一个脚印地前行。中国人正于世人的期待中创造着一个信誉中国和品质中国。

奢侈品文化研究和奢侈品牌创造与管理，是在大众狂热购买奢侈品的背景下，一些雄心勃勃的中国创业者和企业家等精英人士所关注的领域。

如今，小而美、少而精的"精美生活"新理念，正成为更多人的新追求。即用即弃、污染环境的方便廉价品已引起人们的反思。与时俱进，采用更多环保材质和工艺的奢侈品，作为可以恒久流传、循环使用的艺术产品，与人类的环保观念、生态意识以及亘古以来的爱美之心紧密联系在一起。本书作者以25年高端奢侈品企业高管与法国商学院教授双重身份的行业认知，与读者分享奢侈品牌的创立和管理思想，以及一些有启迪意义且很有意思的品牌故事，期望对品质中国的崛起，有所助益。

目录

CONTENTS

CONTENTS

Chapter 1

第一章

奢侈品的起源与未来

Luxury origins
and future

引言
Introduction

如今，"奢侈品"一词已与一个强大且充满活力的行业联系在一起。奢侈品既是一种商业形态，也是一种营销理念。而奢侈品行业是一个可以追溯到20世纪70年代中期的新现象。

在与商业和工业部门联系起来之前，奢侈品的概念存在于世界各地，且形式各异，甚至在古代文明中也是如此。它与人类的行为、仪式和人类社会阶层有关，社会学家将其归类于人类学中。

因此，奢侈品可以被定义为一种文化现象，在古埃及、古代中国、古希腊、古罗马等古老的文明中都有这种现象。每种文明都有基于自己的美学观、价值观、文化和政治制度的奢侈品观。但奢侈品的文化意义和代表性随着时间的推移有着很大的不同。让我们回顾一下奢侈品最常见的含义。

历史上一直存在的奢侈品的含义之一就是它的社会意义，以及它如何与权力或财富背后的社会优越感相关联，这是以强大的政治制度为特征的大多数文明体系中共同存在的情况。

但在某些历史时期，奢侈品也与宗教或世俗的神圣信仰有关。中世纪的欧洲尤其如此，它成为天主教权力的象征。

奢侈品另一个不变的含义是它的美学内涵，以及它与艺术的联系：奢侈品和艺术不可分离，艺术与奢侈品或建筑有密切联系或可视为等同物。

奢侈品的另一个重要意义是其更个人化而非社会化，更关乎于日常生活中不同方面的个人情绪与个人愉悦感，这与社会层面并不矛盾，因为将奢侈品视为权力象征的社会精英往往会对其所拥有的奢侈品产生个人欣赏甚至愉悦感。

有时，皇帝或国王是真正的鉴赏家，他们庇护着工匠和艺术家。

但碰巧的是，奢侈品也可能与过度追求享乐、欲望和放纵联系在一起，这时候的奢侈品具有负面的意义。即使在今天，也有一些权力拥有者侵吞公共财产以满足贪欲并过度积累奢侈品的案例。

在15世纪欧洲文艺复兴时期，意大利和法国出现了现代奢侈品的概念。17世纪，它与法国、法国国王路易十四和凡尔赛宫联系在一起。凡尔赛宫和法国国王路易十四确实是现代奢侈品发源的动因，在让法国成为第一个与奢侈品相关的国家方面发挥了关键作用。

为了说明这一点，我将在第一章与大家分享凡尔赛宫和法国国王路易十四的故事。

凡尔赛宫
The Palace of Versailles

了解凡尔赛宫的故事，对理解法国的历史、艺术、奢侈品、时尚和礼仪都至关重要。

为什么凡尔赛宫享有如此不凡的地位？

为什么年轻的国王路易十四要打造这座奢华至极的宫殿？

建造这座宫殿的建筑师和艺术家是谁？

你知道建造凡尔赛宫的部分灵感来自中国吗？

路易十四亲政

起初，法国国王路易十三因喜爱在森林中狩猎，由此在凡尔赛地区修建了一座小城堡作为行宫。骑马狩猎是法国国王们最大的爱好，时至今日也仍是欧洲贵族们喜爱的运动。路易十三的儿子路易十四 13 岁时曾几次到访这座城堡。

1661 年，23 岁的路易十四亲政，这一年发生了一件颇具戏剧性的事情。此前，国家大权掌握在他母亲安娜·玛丽亚·莫里西亚和路易十四的枢机主教马萨林手中，而后者又任命尼古拉斯·富凯为财政大臣。

年轻的国王对他们一直保持着敬爱和尊重。但在 1661 年 8 月 17 日，富有且权势强大的财政大臣尼古拉斯·富凯犯下了一个可怕的错误。

为庆贺国王 23 岁的生日，也为了夸耀自己的政绩，富凯在自己建造的美丽而精致的豪华宫殿内举办了一场宏大的宴会，这座宫殿就是位于巴黎附近的沃子爵城堡。

安娜和马萨林

尼古拉斯·富凯

路易十四

沃子爵城堡和花园

富凯热爱艺术，他在这座城堡内收藏了众多优秀的艺术作品。法国寓言诗人让·德·拉·封丹和戏剧作家莫里哀都是这场宴会的座上宾。

让·德·拉·封丹

《拉·封丹寓言》

莫里哀

这场宴会非常精彩，莫里哀献上了新剧的首演。但是这一切都过于奢华，年轻的国王并没有感受到高兴或恭维，反而忌妒心暗起，他意识到这座城堡和花园比自己这个国王在巴黎的住所还要漂亮。

科尔伯特部长是这桩戏剧性事件的关键人物，他可能对富凯也心怀嫉妒，便和国王说富凯挪用了公共资金建造奢华宫殿，虽是事实，但在当时这是很正常的现象。

路易十四立即决定将富凯终身监禁，并没收其财产。哲学家伏尔泰后来讽刺道："8月17日晚上六点，富凯几乎成了法国国王，然而第二天凌晨两点，他就彻底身败名裂了。"

但这还不足以让路易十四恢复尊严，因为内心十分欣赏精致的沃子爵城堡和美丽的花园，这位国王没收（或购买了）城堡里所有的挂毯、雕像和橙子树。然后，他要求建造了沃子爵城堡的两位建筑师和一位艺术家完成一个更大的项目——以沃子爵城堡为灵感修建凡尔赛宫殿和花园。

艺术家与宫殿

下面要介绍的三位大师中，第一位是建筑师路易斯·勒沃，他负责凡尔赛宫的主要工作。他将路易十三时期的砖石城堡进行扩建，在靠近城市一侧建造了对称的翼楼，其风格与马厩及仆人翼楼相似。但是他选择用白色的石头覆盖花园一侧的原始宫殿，即新宫殿，然后建造了国王和王后的套房。

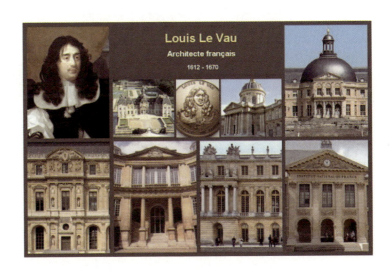

1670 年，他新建了一座亭子样式的宫殿，名为特里亚农瓷宫，它由五座木结构亭子组成，装饰着蓝色和白色的瓷砖，室内装饰有中国风格的花瓶和织物，宫殿外部围绕着馥郁芬芳的花园。实际上，这是已知的欧洲第一座中国式建筑，灵感源于南京大报恩寺的琉璃塔，琉璃塔建造于 15 世纪的明代，毁于 19 世纪太平天国运动。

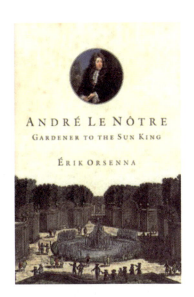

阿波罗雕像喷泉

第二位是法国景观设计师安德烈·勒诺特尔，他是路易十四任命的首席园林师。1662-1700年，他设计了凡尔赛宫的花园，其基于自然对称的园林风格代表了法国古典园林"法式花园"的最高水平。

在凡尔赛宫，他建造了欧洲最宏伟的园林，占地800公顷，园林内点缀着喷泉、雕像、水池、河流、几何形花坛和丛生的树木。他还栽种了一棵巨大的橙子树，以及一座为珍稀动物打造的动物园。

他沿着太阳照射的轨迹建立了一条东西轴线：太阳从荣军院上空升起，掠过城堡，照亮国王的寝宫，又落在运河的尽头，映照在镜厅（Hall of Mirrors）的镜子上。

花园的中心象征着太阳，国王路易十四以神明自居，自诩为太阳神的化身，花园中央的阿波罗雕像喷泉无疑是这一象征。阿波罗是希腊神话中的光明之神，也被称为太阳神。

宫殿内外的景观无穷无尽。在这里，国王统治着大自然，通过这座园林重塑了自己对领土的统治，亦即对宫廷和臣民的统治。

就规模大小和象征意义而言，可与之相比的，我认为只有中国的圆明园！

后来，在路易十五和路易十六执政时期，小特里亚农宫附近又修建了一座中国园林风格的植物园，种植着由曾在圆明园居住过的法国传教士带回来的植物。国王路易十六的王后玛丽·安托瓦内特随后在其著名的王后庄园附近也修建了中式园林（摘自《圆明园 / 凡尔赛：中欧宫殿文化间的文化交流》一书，格雷格·托马斯著）。

第三位艺术家是夏尔·勒·布伦，他是法国当时最有影响力的设计师和画家，创造了著名的"路易十四风格"。

国王在沃子爵城堡时便非常欣赏他的画，任命他为首席画师，并委托他绘制关于亚历山大大帝的一系列历史故事作品，意在将路易十四与亚历山大大帝的丰功伟绩紧密联系起来。他的大部分画作至今仍在凡尔赛宫中展出，镜厅的壁画和天花板也是由他绘制的。

经过三位大师20年的辛勤工作，凡尔赛宫第一阶段的建设终于完成。1682年，国王将整个皇室和法国政府迁移至凡尔赛宫。当时宫殿内的一些家具甚至是用纯银制成的，不过大部分都在1689年被熔化以支付路易十四时期的战争费用。

20年后，路易十四又命令年轻的建筑师朱尔斯·哈杜因·曼萨特扩建凡尔赛宫，在原庭院的基础上增加了第二层楼和两座新的翼楼。

曼萨特将勒沃设计的面向西面花园的大露台改造成了宫殿中最著名的房间——镜厅（Hall of Mirrors）。曼萨特还建造了两个皇家马厩——小马厩和大马厩，并于1687年建造了大特里亚农宫以代替勒沃设计的特里亚农瓷宫。

这些大师与凡尔赛宫之间的关系非常重要，因为他们对维护国王的权威和凡尔赛宫壮丽的呈现方面做出了巨大贡献，他们的名字与凡尔赛宫紧密相连。作为回报，他们受到国王的认可，变得富有而闻名。他们还为许多贵族家族工作，这对法国奢侈品的发展产生了重大影响。

此后，凡尔赛宫在国际上广受赞誉，不仅成为法国历史上最负盛名的建筑，也对法国奢侈品以及艺术、时尚、礼仪的发展起到了关键作用。法国奢侈品和时尚的起源，与路易十四及凡尔赛宫的影响密不可分。

法国奢侈品和时尚的起源

路易十四认为，奢侈品不仅对国家的经济繁荣至关重要，甚至会影响君主制度的威望和存亡。他将凡尔赛宫打造成一座展览馆，不仅有奢侈品，还有音乐、戏剧、园艺和美食等，全都代表着法国文化的最高水平。

为了促进奢侈品的消费，路易十四制定了严格的宫廷着装和礼仪守则，使奢侈品消费成为宫廷生活的常态。法国精英们被要求以奢侈、华美的方式生活，不加节制、四处炫耀，法国的奢侈品和时尚产业因此发展起来，这是一个惊人的过程。

在路易十四当政之前，法国贵族都是从西班牙进口时装，他们在布鲁塞尔买挂毯，在威尼斯买镜子，在米兰买丝绸……

除了"买买买"，他们似乎并没有太多选择，因为在当时，与其他国家相比，法国产的奢侈品质量不够好，也不够时尚。

　　路易十四开始重视和发展奢侈品行业，他授意部长科尔伯特通过国家资助的方式鼓励法国奢侈品的生产，这不仅创造了就业机会，还使法国成了全球生活品位和生产工艺的领导者。科尔伯特曾说过"时尚和奢侈品对法国的意义，如同秘鲁金矿对西班牙的意义一样重要"，无论是国内贸易还是出口贸易，都获利丰厚。

　　科尔伯特执行路易十四的策略，他利用国家经济干预措施支持本国手工艺发展，保护发明创造，引进国外工匠，禁止法国的手工艺人移民。他创立皇家玻璃制造厂，以停止对威尼斯玻璃的进口。为了将荷兰的布料制造技术引入法国，他在高布兰地区创建了皇家挂毯厂。

皇家玻璃制造厂标识

皇家玻璃制造厂
（Manufacture Royale de Glaces
de Mirroirs）

皇家挂毯制造厂
（Manufacture des Gobelins）

挂毯制作过程

　　科尔伯特将工匠集中起来，成立专门的、受监管的组织，称为行会，确保质量控制，帮助他们与国外进口产品竞争，同时有效地防止他们之间相互竞争。凡是法国国内可以制造的东西都不允许进口，这种保护主义措施促进了法国奢侈品业的发展。

　　创造和保护只是该策略的一个方面，另一方面是促进奢侈品的消费，如强制精英阶层购买奢侈品，鼓励他们花销无度。渐渐地，法国的风头盖过了西班牙和荷兰，曾经流行的黑色，沉重的金项链，多样的面料等，都被凡尔赛宫迷人的"法式新时尚"所取代。

今天，从不同角度看，路易十四围绕凡尔赛宫制定的宏伟战略，实际上也是精彩的营销策略。

首先，是富丽堂皇的宫殿本身。通过宏伟的凡尔赛宫，路易十四证明了法国在艺术和时尚方面的力量与威望是不可比拟的，其后任何王朝试图模仿凡尔赛宫的努力都黯然失色，即使是哈布斯堡王朝在维也纳建造的美泉宫也无法与之匹敌。凡尔赛宫象征着法国的威望，创造出一种法国文化、艺术、时尚和美食冠绝世界的形象。

其次，是王权的威严。所有的贵族家庭和艺术家都想住进凡尔赛宫，在那里崭露头角。全法国最富有、最有影响力的精英们在凡尔赛宫济济一堂，为法国的威望做出了贡献。宫廷像一个永久性的展厅，呈现着最精致的法国文化元素。凡尔赛宫建筑和花园的规模，也与宫廷生活完美地契合，数以千计的贵族们簇拥国王而居。

宫廷在法国的政治和文化生活中至关重要，这里不仅是国王的居住地，也是政府所在地，还是社会上流精英们展示自我的舞台以及艺术赞助资金的主要来源。

再次，就是服饰的威力。路易十四将服饰规定为宫廷生活的一种准则，在适当的场合穿着相应的服饰，以呈现和凸显王权的威严。也许没有一个历史人物曾像路易十四这样如此坚信这一理念，法国国王借助华丽庄严的服饰彰显王权，以服饰象征地位和权力。时至今日，英国王室仍然遵循着这个穿衣守则，以着装显示身份。

在里戈为路易十四绘制的著名肖像画中，每一个细节都彰显着路易十四的权威和神圣王权的威严：带有刺绣的加冕长袍，强化君主的至高无上；黑白两色的貂皮皮毛和蓝金色的鸢尾花是法国君主的象征；皇家宝剑代表着路易十四的军事才能；王冠诠释着他的皇室权威。

最后，是宫廷艺术家队伍的日益壮大。宫廷的快速发展和国王对奢侈品的渴望，使艺术家们在某种程度上摆脱了工匠的地位，获得了与文职官员同样从事脑力活动的地位。艺术家们从国王和宫廷的认可中获得很高的声誉。路易十四之后，宫廷艺术家的地位通过 19 世纪的王室授权被正式确立下来，一些王室指定的艺术家和奢侈品供应商获得王室的认可，例如有着"国王的珠宝商、珠宝商的国王"之称的卡地亚，最初就是专门为王室打造珠宝的。

尽管并不是所有的法国奢侈品牌都可以追溯到路易十四时期，但毋庸置疑的是，国王路易十四和部长科尔伯特创建的良好行业环境，使法国成为时尚、奢侈品和艺术领域最受赞誉的国家，这也是后人向科尔伯特致敬的原因。1954 年，法国奢侈品业以"科尔伯特"的名义成立法国奢侈品协会，汇集了几乎所有的法国奢侈品牌和数家文化机构。他们携手合作，在国际上推广法国生活艺术，协会会员从 1954 年的 15 个增加到今天的 83 个，该协会自始至终致力于将各个活跃在国外市场和奢侈品工艺的法国奢侈品牌团结起来。目前，该协会主席是法国埃塞克商学院（Essec）的校友纪尧姆·德·塞恩斯（爱马仕执行副总裁）。该协会共有 13 个部门，代表所有的奢侈品门类，其中有很多可以追溯到路易十四和凡尔赛时代，如：

- 汽车（Automobile）

- 水晶（Crystal）

- 饰品（Decoration）

- 瓷器（Faience and Porcelain）

- 香水和化妆品（Fragrance and Cosmetic）

- 美食学（Gastronomy）

- 黄金与宝石（Gold and Precious Materials）

- 高级定制时装 / 时装（Haute Couture / Fashion）

- 服务（Hospitality）

- 皮具（Leather Goods）

- 文学出版（Publishing）

- 银器与铜器（Silver and Bronze）

- 葡萄酒与烈酒（Wine and Spirits）

总之，今天我们了解到，奢侈品和时尚业与国家的经济、政治、文化和艺术的实力及影响力息息相关，它不仅是一国重要的产业部门，而且可以成为强大的营销工具，提升国家地位和影响力。

21 世纪的奢侈品牌

路易十四之后的三百年来，我们看到，在 20 世纪，法国和欧洲的经济与政治实力下降时，这些国家的文化魅力仍旧持续地影响着世界其他地区。同样地，在 20 世纪的黄金年代，美国在文化、艺术、时尚和生活方式方面，也成为一个举足轻重且具有重要影响力的国家。如今，人们说 21 世纪是中国的世纪，所以当我在亚洲讨论这些话题时经常会被问道：亚洲和中国的时尚奢侈品牌是否会即将迅速崛起？

按照我的分析和判断，答案应该是肯定的。很明显，世界的人口、经济和政治重心正在从欧洲向亚洲和中国转移。不过，奢侈品和时尚产业虽然是一门生意，但却是很特别的生意，正如从法国和欧洲的文艺复兴时期到路易十四时期与凡尔赛时代，我们都不难看到，它需要强大的文化和艺术基础。

Chapter 2

第二章

奢侈品牌的
艺术与文化基础

luxury brands
art and cultural
foundations

引言
Introduction

目前，奢侈品行业的佼佼者主要是来自欧洲的奢侈品牌。实际上，我们可以将欧洲奢侈品的起源追溯到文艺复兴这段历史时期。

文艺复兴是指 14 世纪到 16 世纪欧洲文化、艺术、政治、经济在中世纪之后的"重生"时期，它促进了古典（古希腊和古罗马）哲学、文学和艺术的再次辉煌。文艺复兴运动最先在意大利各城邦兴起，之后扩展到西欧各国。在这一时期，艺术与奢侈品共同发展，因为早期的奢侈品工匠本身大多都是艺术家，正如我们在前一章中所看到的，17 世纪时法国国王路易十四利用凡尔赛宫实施了奢侈品战略，从那时起，奢侈品牌就与艺术保持着非常紧密的联系，艺术运动常常激发着奢侈品工艺的发展。

17 世纪至 20 世纪初，大多数艺术运动主要在欧洲兴起与发展，如古典主义（Classicism）、新古典主义（Neoclassicism）、现实主义（Realism）、印象主义（Impressionism）、新艺术主义（Art Nouveau）、装饰艺术（Art Deco）等。20 世纪，随着立体主义（Cubism）、达达主义（Dadaism）、超现实主义（Surrealism）而发展起来的现代艺术也起源于欧洲，影响并启发了许多奢侈品牌，例如，卡地亚就深受装饰艺术的强烈影响。

但奢侈品商业的真正发展始于 19 世纪，伴随着工业革命和中上层阶级的出现而发展。这也是我们可以称之为奢侈亲民化的第一阶段：从国王、贵族到中上阶层人士。

而大多数成功的奢侈品牌都是 19 世纪和 20 世纪在欧洲创立的，这两个世纪的艺术运动以及社会文化和经济的发展都十分活跃，这也是为什么我们要以此来谈论奢侈品牌的艺术和文化基础的原因。

重要的是，成功的奢侈品牌在文化上也是在不断进行创新的，这意味着它们从不留恋过去，从不落在时代之后，它们之所以成功是因为它们能够预见到重要的文化演进，这就是我们所说的文化创新。例如，香奈儿女士能够取得成功，是因为她预见到了第一次世界大战之后在欧洲开始的妇女解放运动，并在文化上为女性创造了一种新的着装规范，它基于男装规范（裤子、粗花呢夹克、毛衣），有助于女性的身体解放。

即使许多奢侈品牌有着悠久的历史，却从未被人们所谓的传统所束缚，为什么？因为这不是一个数学方程式，奢侈品牌的价值并不是由发展历史长短决定，许多奢侈品牌是 20 世纪创立的，比如诞生于近 50 年左右。

因此，遗产（Heritage）一词具有误导性，因为它强调了所有的价值都在于历史与过去。事实上，当这些品牌创立时，它们没有太多的遗产，因为它们从不留恋过去。

因此，我更喜欢将奢侈品牌最初的成功因素归功于它们的艺术和文化基础，以及文化创新。

为了更好地解读艺术和文化基础，以及文化创新这两个概念，我将与大家分享几个相对较新的品牌案例：鞋履品牌 Jimmy Choo 和克里斯汀·鲁布托（Christian Louboutin），时装品牌夏帕瑞丽（Elsa Schiaparelli）和汤丽·柏琦（Tory Burch），彩妆品牌 Pat McGrath。

夏帕瑞丽
Elsa Schiaparelli

  意大利著名时装设计师艾尔莎·夏帕瑞丽是一位传奇女性，她曾经是可可·香奈儿的竞争对手，但她非同一般的出身和个性与香奈儿女士不同。1954 年，她关闭了自己的高级时装屋。直到 2014 年，她的品牌在巴黎重新开业。

  艾尔莎·夏帕瑞丽其人，以及她成为时装设计师的经历是非常好看的故事。

  1890 年，她出生于罗马的科西尼宫，那是一座 18 世纪的巴洛克式建筑，最初为佛罗伦萨贵族科西尼家族建造，之后成为皇室住所。现在它是罗马最重要的美术馆之一。

  与香奈儿相反，夏帕瑞丽成长于一个贵族和知识分子家庭。她的母亲来自意大利著名的美第奇家族，意大利文艺复兴时期，该家族扮演着重要角色。她的父亲是罗马大学著名的东方建筑学教授，她的叔叔是一位著名的天文学家，是火星运河的发现者，年轻的夏帕瑞丽经常跟他学习天文知识。她的表兄埃内斯托·夏帕瑞丽是一位埃及学学者，是奈菲尔塔利墓的发现者。如此显赫的家族，影响了她的性格。

  前往罗马学习哲学后，夏帕瑞丽在 1911 年撰写了一本名为《水神》的诗集，内容非常感性，甚至有些色情，她的父母非常震惊，把她送到了瑞士一所纪律严格的寄宿学校，夏帕瑞丽在学校通过绝食来抗议，她的父母被迫带她回家，并将她禁足于罗马的豪宅中。夏帕瑞丽对无聊和空虚的生活感到不满，即使每日过得精致而舒适，她仍渴望冒险，渴望探索外面的世界。

  1913 年，为了躲避父母安排的婚姻，23 岁的夏帕瑞丽逃出家门，开始一系列冒险旅行。第一次旅行她到达了伦敦，1914

年，她与一位富有魅力的男人相识并结婚，但男人与她并不相配，只不过是一个自称神学家的骗子。1915年，被英格兰驱逐出境后，夏帕瑞丽跟随丈夫先后前往巴黎、戛纳、蒙特卡罗，最后到达纽约。

当时，像夏帕瑞丽这样能够掌控自己生活的女性非常少见，她表现出异常坚强和独立的性格，不惧挫折与失败，坦然面对逆境。

1916年，在前往纽约的客船上，夏帕瑞丽结识了一位独立女性盖比·皮卡比亚，她是著名达达派画家弗朗西斯·皮卡比亚的妻子。这次相遇对夏帕瑞丽的未来至关重要，促使她成为当时的前卫艺术家。

在纽约，受盖比影响，夏帕瑞丽对达达主义和超现实主义产生了浓厚的兴趣，并结识了许多艺术家，如皮卡比亚、曼雷、马塞尔·杜尚、阿尔弗雷德·斯蒂格里茨等。

她有了一位情人——歌剧演员马里奥·劳伦蒂，她的丈夫则与舞蹈家伊莎多拉·邓肯和女演员阿拉·纳齐莫娃纠缠不清。纽约的生活异彩纷呈，华尔道夫酒店和瑞吉酒店的晚会令人流连忘返。

1922年，夏帕瑞丽回到巴黎，并于1924年离婚。家庭的经济支持使她得以保持上流社会的地位，并继续与巴黎的权贵阶层保持着联系。此后，她逐渐走上时装设计师之路。

她在著名的Boeuf sur le Toit餐厅与活跃在巴黎的精英人士和艺术家们会面，她遇到了伟大的时装设计师保罗·波烈，保罗·波烈认为她是一个不同寻常的女性，建议她采用多种设计风格。参访高级时装屋的经历给夏帕瑞丽带来了启发，促成了她职业生涯的转折。

1920年代中期，夏帕瑞丽成为一名自由设计师，她以一个简单又激进的想法设计出一件黑白相间的带有视觉错觉效果图案的编织款针织套衫，这件针织衫被 *Vogue* 杂志视为杰作，短短几个月便成为美国时装市场的明星产品。

她的事业真正有起色是在 1928 年，这一年，她入驻巴黎和平街（Rue de la Paix）4 号，在此设立了工作室、沙龙和办公室，门板上挂着"夏帕瑞丽 – 运动装"的牌子。

"咆哮的二十年代"（Roaring Twenties），指的是 20 世纪 20 年代西方社会和文化发展的十年左右的时期。这是一个经济繁荣的时期，在美国和西欧，特别是在巴黎、柏林、伦敦、纽约、芝加哥、洛杉矶等主要城市，都有着独特的文化优势。在法国，这十年被称为"疯狂年代"（Années Folles），强调这个时代的社会、艺术和文化活力，爵士乐蓬勃发展，装饰艺术达到顶峰。在这一时期，汽车、电话、电影、收音机和家用电器进入成千上万西方人的生活中，航空业很快地发展成了一门生意。西方各国工业和经济快速增长，消费需求加速，生活方式和文化发生了重大变化。媒体聚焦于名人，特别是体育健将和电影明星，城市集聚了新建的豪华电影院和大型体育场馆。在大多数主要的西方国家，女性赢得了选举权，民主选举对社会产生了巨大影响。

那是一个充满创造力、自由和乐趣的年代，是人们对第一次世界大战做出的反应。创造性活动非常丰富，诞生了装饰艺术、超现实主义和达达主义。巴黎是 20 世纪 20 年代的能量来源，夏帕瑞丽或许就是"咆哮的二十年代"最好的表达和象征，她有着超现实主义的做派，勇于冲破自我束缚，渴望颠覆和突破极限。

1928 年以后，夏帕瑞丽在高级时装方面进行了诸多创新，设计出涂胶羊毛和丝绸雨衣、带有可见拉链的连身裤、第一件晚礼服（低胸裹身裙的雏形）、裙裤（曾在英国引起争议）、垫肩套装（权力套装的先锋）以及风格怪异的帽子。

当时，她设计的运动服非常大胆。1931年，她设计出一条短裤裙，可谓短裤的前身。同年，莉莉·德·阿尔瓦雷斯穿着这款短裤裙参加温布尔登网球锦标赛，震惊了网球界。

夏帕瑞丽身边有众多才华横溢的人，例如珠宝界的伯莱塔、鞋履设计师佩鲁吉亚和罗杰·维维亚、刺绣工坊的 Lesage 等，她的作品还启发了毕加索和曼·雷的绘画创作。

与其他艺术家的合作同样证实了她的创造力：与埃尔莎·特丽奥莱共同设计出磁珠项链，与画家让·杜南合作设计出裙褶上绘满错觉图案的长裙，与贾科梅蒂联手设计珠宝，与梅拉·奥本海姆一起设计毛皮手镯，等等。超现实主义运动也激发了她设计脚踝靴的灵感，此外还有烟斗形状的男士香水瓶和女士红色蟒纹指甲手套。20世纪30年代，她与萨尔瓦多·达利（Salvador Dali）共同创造了堪称传奇的作品：抽屉裙、鞋帽、龙虾裙、骷髅裙、眼泪裙、"太阳王"香水等。

1934年，夏帕瑞丽成功登上了《时代周刊》的封面，成为第一个获此殊荣的女性时装设计师。她的设计吸引了众多名人成为她的客户：温莎公爵夫人、玛琳·迪特里希、凯瑟琳·赫本、葛丽泰·嘉宝、劳伦·巴考尔、加拉·达利、黛西·费洛斯、阿莱蒂、费雯丽、金吉尔·罗杰斯、梅·韦斯特等。

1937 年，夏帕瑞丽推出香水"震惊"和"令人震惊的粉"系列，由 Léonor Fini 设计的香水瓶，瓶身依照美国 1930 年代"银幕妖女"梅·韦斯特的裸体形象而设计，用瓷质花朵和丝绒飘带做装饰，获得了巨大成功。

第二次世界大战结束了这种令人震惊的创造进程，夏帕瑞丽离开巴黎前往美国，在那里她举办了主题为"Clothes and the Woman"的会议，她是第一位获得由著名奢侈品百货公司内曼·马库斯授予的国际杰出服务奖（时尚领域）的欧洲人。

1945 年，夏帕瑞丽重返巴黎，与休伯特·德·纪梵希（Hubert de Givenchy）一起重新开办时装屋，并担任 Schiaparelli 精品店的创意总监，同时开设香水工厂，以支持现有香水的开发，还推出了 Roy Soleil、Zut 和 Sucès Fou 等新产品。这一年，她获得了高级时装屋设计太阳镜的第一个许可证。虽然在美国销售良好，但欧洲市场已经不再喜爱夏帕瑞丽，她于 1954 年毅然决定关闭时装屋，放下了手中的剪刀和画笔，致力于撰写自传《令人震惊的生活》。

回顾夏帕瑞丽的时装传奇，可以说艺术是时装设计师灵感的源泉。

不过，我们还可以追问，为什么夏帕瑞丽的品牌消失了？她曾展现出非凡的创造力，取得过巨大的成就，这是否是因为她来自富有的贵族家庭，对生意和赚钱的兴趣不如可可·香奈儿女士？

60 年后，夏帕瑞丽品牌复出，是否还能重现往日的辉煌？

我个人认为，要重新推出一个消失时间不短的品牌，需要具备三个条件：

第一，设计师的遗产和传承必须是强大的、独特的，并在时尚界得到认可，例如，夏帕瑞丽对时尚的贡献是非凡的。第二，品牌最初的文化背景，其艺术灵感必须与现代消费文化产生共鸣。在很大程度上，夏帕瑞丽就是如此，她对运动装的创新，她与艺术家合作，这与许多当下的街头服装和当代时尚趋势不谋而合。第三，需要金钱和耐心，这样的品牌复兴至少需要10-15年。我相信Tod's品牌的所有者迭戈·德拉·瓦勒（Diego Della Valle）很清楚这一点，他已经成功地重新推出了罗杰·维维尔（Roger Vivier），这是一个设计师鞋履品牌复兴的经典案例。

汤丽·柏琦
Tory Burch

2004 年，具有标志性的美国时装设计师汤丽·柏琦（Tory Burch）在纽约创立了自己的品牌，并于 2015 年被《福布斯》杂志列为世界上第 73 位"最有权势的女性"。

对汤丽·柏琦，我有着非常特殊的记忆和联系。2011 年我在中国香港地区工作，担任法国奢侈皮包品牌兰姿（Lancel）（当时隶属于历峰集团）大中华区董事总经理。

汤丽·柏琦品牌进入中国市场，在香港国际金融中心（IFC）开设了第一家商店，获得了令人难以置信的巨大成功，人们对这个新品牌非常着迷，在商店前排了一整天的队。

汤丽·柏琦颠覆了人们对许多知名手袋品牌的认知，从 Coach、Michael Kors 到 Lancel、Prada 和 Louis Vuitton。我曾提醒我的朋友马克·莱兰迪斯（Marc Lelandais），他是巴黎兰姿（Lancel）公司的总裁，但和当时许多欧洲人一样，他不愿意承认一个没有历史传统的美国新品牌可能会对现有的奢侈手袋品牌构成真正的威胁，遗憾的是，他错了。

今天，许多年轻女性想成为汤丽·柏琦，因为她是时尚界女企业家典范，她还是一位身体力行的母亲、首席执行官、设计师和慈善家。她的汤丽·柏琦基金会为女性企业家提供商业贷款、创业指导和创业培养。

她的品牌传达了强烈的信念感，反映了她的个性和理想，并成为许多女性企业家的灵感来源。

要了解她的成功秘诀，首先要分析她的文化根源。汤丽·柏琦在宾夕法尼亚州长大，她有一个特殊的童年，她和父母及三个兄弟一家人生活在精英社交圈，她的父亲是一位富有的投资者，继承了一间股票交易所和一家纸杯公司，汤丽·柏琦本人则继承了母亲的犹太血统。

父母热情好客，在家中漂亮的白色格子门廊下有一个游泳池，他们经常在那里组织户外午餐，桌上摆放着美丽的鲜花。

他们过着时尚名流的生活，拎着路易威登旅行箱环游世界，到马拉喀什、雅典和卡普里岛等地旅行，这种相当奢侈的生活方式影响着汤丽·柏琦未来的事业。她的母亲经常到国外购物，这影响了汤丽·柏琦的时装风格，比如，母亲从摩洛哥购买的束腰外衣，后来便成为汤丽·柏琦一些经典服装款式的灵感来源。

父母促使四个孩子从事志愿活动，在他们身上灌输了早期的慈善意识。在著名的艾格尼斯·欧文女校（The Agnes Irwin

School），汤丽·柏琦完成了早期教育，这是一所位于宾夕法尼亚州罗斯蒙特的私立女子学校，该学校也强调慷慨和感激的重要性。也正是在艾格尼斯·欧文女校，她与珠宝设计师卡拉·罗斯（Kara Ross）成为朋友，开始了毕生的友情，二人合作过多个时尚项目。

她的大学时代也是在宾夕法尼亚州度过的，在宾夕法尼亚大学，汤丽·柏琦主修艺术史。她一直关注时尚，并因其独特的时尚嗅觉而闻名，她的风格被一位朋友称之为"prock"——半老式、半运动的风格，后来，她的这种风格被称为"Tory Wear"。这种风格中有她的民族灵感，并融合了波希米亚风、复古风、马术风格和爱马仕风格，这与 20 世纪 70 年代和 80 年代的着装方式，以及她的童年和青少年记忆有很大关联。

搬到纽约后，汤丽·柏琦入职品牌 Loewe，她还曾在 Zoran、Harper's Bazaar、Vera Wang、Ralph Lauren 和 Narciso Rodriguez 等品牌从事公关和营销工作。

汤丽·柏琦说，那时，她以开放的心态接受每一个职位，并希望尽可能多地学习，将创业精神应用到每一份工作中，她在品牌 Loewe 的优异表现被集团升职为总裁。

在事业上升期，汤丽·柏琦嫁给了她的第二任丈夫，商业投资者克里斯·伯奇（Chris Burch），并怀上了第三个儿子，这对她来说是一个充满挑战的时期，她决定暂时休息。2004 年，汤丽·柏琦 38 岁，既没有正规的商学院学习经历，也没有接受过设计学院专业培训的她，以雄心壮志、乐观主义和创业精神，创建了自己的时尚品牌 Tory Burch（汤丽·柏琦）。

正如我在商学院课程中经常解释的那样，不仅仅是理性的或是典型的个人或教育背景才会使得一个人成为一名设计师或企业家，一个人需要了解自己，明白什么时候是合适的时机，什么时候是自己的机会。

后面的章节，我将继续分析 Tory Burch 的品牌延伸故事。

Jimmy Choo 的传奇故事之一

　　如果你喜欢电影《穿普拉达的女王》，你一定知道 Jimmy Choo 的故事。这个故事就像侦探小说一样精彩，让我们看到很多关于奢侈品和时尚界的人际关系、嫉妒和竞争，这其中就包括创始人如何在 1995 年白手起家创建品牌，并展现他的个性、愿景、成就，以及他们的内部斗争。

　　Jimmy Choo 是以周仰杰先生的英文名命名的鞋履品牌，周仰杰是一位出生在马来西亚槟城的华裔鞋匠。16 岁时，他前往伦敦康德维纳斯学院学习鞋类设计，之后在伦敦开创了定制鞋履业务。自此长达 12 年，在一个小作坊中，周仰杰先生为伦敦的贵妇们定制时装鞋。

　　当时，定制鞋履领域已经有了奢侈产品和设计师，但还没有品牌概念，周仰杰先生努力地维持经营。1989 年，他的侄女 Sandra Choi 加入后，周仰杰才开始获得认可，他们能提供与时尚杂志所拍摄的服装颜色和风格完美匹配的手工制鞋。

　　1990 年，周仰杰受戴安娜王妃邀请前往肯辛顿宫，成为王妃生前的御用鞋履设计师，这使他一举成名，但并没有名利双收。他一直在问自己：应该为他人工作，还是为自己的品牌而努力，这样的犹豫和信心不足，其实是许多服装和鞋履设计师都曾面对的处境。

　　1995 年，在结识了塔玛拉后，周仰杰的人生从此改变，他们共同创建了 Jimmy Choo 品牌。创建这个品牌实际上是塔玛拉的主意和构想，了解塔玛拉和她加入的原因，也可以从这个案例中再次对我所说的品牌的文化基石以及创始人的个性加深印象。

塔玛拉·梅隆（Tamara Mellon）原名塔玛拉·伊尔迪（Tamara Yeardye），其父亲 Tom Yeardye 是一位成功且英俊的英国商人，他的企业曾是维达·沙宣美发沙龙品牌的加盟商，随着公司业务的发展，全家人搬到洛杉矶。

塔玛拉 7 岁之前在伦敦生活，后来在洛杉矶的贵族中学读到 13 岁，在那里，她的同学们大多穿着范思哲或乔治·阿玛尼的童装。之后，一家人又搬回伦敦，父母将塔玛拉送入阿斯科特传统贵族学校 Heathfield School 学习。

再后来，父母又把她送到瑞士，在滑雪胜地格施塔德的 Alpine Videmanette 学院完成了高中学业，在那里，她认识了很多富人和名人的孩子。随后，她在法国待了一段时间，回到伦敦后，她无心继续深造，转而对奢侈品和时尚颇感兴趣。

塔玛拉的父亲并未过分地溺爱她，每当塔玛拉向父亲要钱时，父亲都会说她能赚多少钱，他就能给她多少钱，因此她决定留在伦敦工作。

遇到周仰杰前，塔玛拉在时尚、公关、媒体等行业工作过 8 年，还在 Browns 百货商店做过售货员。之后，她去了一家公关公司工作，再后来，她在时装杂志 *Mirabella* 及 *Vogue* 英国版任职。

塔玛拉是一位漂亮且自信的年轻女性，她对传统贵族和新贵阶层都很熟悉，她理解富人的消费心理，并且有着英美结合的文化背景，她喜爱时尚，了解公关和媒体，还从父亲那里继承了企业家头脑。

遇到周仰杰时，塔玛拉立即意识到创建奢侈鞋履品牌的机会，她将周仰杰在伦敦建立的定制鞋业务的声誉与梦想因素联系起来，就这样，日后响彻时尚界的鞋履品牌应运而生。

一个新创立品牌往往在最初 6 个月或 3 年内就会消亡，Jimmy Choo 也险些在创立 6 个月后停业。当时，他们在伦敦开设了一家小店，接受预订后却因产品系列没能按时完工，因此，他们只能买来成品鞋，贴上 Jimmy Choo 的标签，来挽救这一季的产品。

幸好他们成功了。塔玛拉理解了一些要领：对富裕的朋友，永远不要直接向他们要钱，这样他们会看不起你。她在伦敦的 Motcomb 街上开了这家小店，楼上还有一间展室和一间办公室，这是一个极佳的位置，紧邻骑士桥和贝尔格拉维亚区（Belgravia），步行不到 10 分钟即可到达奢华商业街斯隆街（Sloane Street），她的富人朋友们常在那里购物，方便她利用自己的社交资源。她会请在斯隆街购物的富人朋友们前来店里参观，这种做法非常聪明，这才是富人们乐意提供的帮助。

3 年后，品牌在美国迎来了转折。塔玛拉知道 Jimmy Choo 性感的高跟鞋非常契合当时的美国市场，她选择纽约和洛杉矶作为发展目标，她的公关工作经验帮助她抓住了两个重要机会。第一个机会是 1998 年上映的电视剧《欲望都市》，其中第五集叫作"性感女性的力量"，塔玛拉将尚未成名的 Jimmy Choo 品牌和产品植入剧中，伴随着 Manolo Blahnik、Prada 和 Gucci 等名牌在剧中亮相。

第二个机会是在 1999 年，她又有了一个天才的想法——尝试在洛杉矶的奥斯卡颁奖典礼上寻找机会。几乎所有的豪华珠宝和高级时装品牌都抢着为获得提名的明星们提供红毯着装，但几乎所有人都忽略了鞋子。

塔玛拉熟悉洛杉矶和好莱坞的时尚风格，她也认识一些知名女演员，怎样使尚未成名的 Jimmy Choo 获得足够的关注？她联系明星们的经纪人，并承诺：作为以高级定制起家的品牌，Jimmy Choo 可以在颁奖典礼前赶制出漂亮的鞋子，来匹配女演员的礼服颜色。

为此，她与周仰杰的侄女 Sandra Choi 一起到达洛杉矶，她们带来了大约 200 双不同尺寸的白色缎面细高跟鞋，并告诉经纪人，可以连夜染成明星们所需的颜色。

为了引起轰动，她们为美国女演员凯特·布兰切特（Cate Blanchett）设计了一双价值 10 万美元的钻石鞋。

在《欲望都市》中和奥斯卡颁奖典礼上初战告捷，Jimmy Choo 迅速打开了知名度。为了巩固这一成果，在塔玛拉父亲及其美国维达·沙宣前合伙人的帮助下，Jimmy Choo 在纽约和洛杉矶开设了两家门店，店面的选址非常具有战略意义——尽可能靠近洛杉矶的罗迪欧大道和纽约的第五大道。

你认为这一切很简单吗？它听起来确实像个童话故事，但是我还没有谈到最重要之处，比如：

塔玛拉和周仰杰如何使产品脱颖而出？

品牌的 DNA 是什么？

最重要的是，他们如何筹集资金？如何寻找到新的投资者？

周仰杰为什么在 2001 年离开了品牌？

品牌是如何进入中国市场的？

后面的章节，我会继续分析和解读奢侈品牌的营销策略和国际扩张。

克里斯汀·鲁布托的故事之一
Christian Louboutin

克里斯汀·鲁布托（Christian Louboutin）是最成功、最具标志性的奢侈鞋履品牌之一。它有着怎样的故事和秘密？

从 1993 年到 2000 年，我在鞋业行业工作了 7 年，担任法国最大的鞋履制造商之一 Sac&Thierry 的总裁兼首席执行官。

1994 年，当我走进克里斯汀·鲁布托在巴黎让·雅克·卢梭街开的第一家店铺时，我第一次听说这个品牌。当时，这个品牌规模很小，我并没有太关注它。那时，我对 Kenzo 品牌更感兴趣，Kenzo 隶属于路威酩轩（LVMH）集团。1996 年，我与 Kenzo 签署了一份鞋类许可协议。

没有想到的是，我在 1994 年走进的那家小店日后会成为最成功的奢侈鞋履品牌之一。后来，当阿涅利家族的投资控股公司 Exor 宣布他们将购买该品牌 25% 的股份时，克里斯汀·鲁布托的品牌估值为 22.5 亿欧元。

这是怎么发生的？让我们回顾一下创始人的故事和品牌发展时间表。

克里斯汀·鲁布托 1963 年出生于法国，拥有埃及血统，由于父亲少有陪伴，童年时他的大部分时间都与母亲和三个姐妹在一起。当他还是个孩子的时候，他就开始幻想设计梦幻般的鞋子并练习女鞋素描。

据他说，他对高跟鞋的迷恋始于 12 岁，当时，他在参观位于巴黎道梅斯尼尔大道（Paris avenue Daumesnil）的国家非洲艺术博物馆（Muse national des arts d'Afrique et d'Océanie）时看到一块告示牌，上面写着："禁止穿细高跟鞋的女性进入该建筑，以免损坏昂贵且易碎的木地板。"这个

告示牌一直留在他的脑海中，他想打破高跟鞋会刮伤木地板的陈旧印象，创造出让女性感到独立和有力量的鞋子。

这对我来说有些亲切，在我还是个孩子的时候，我和父母参观卢瓦尔城堡时，也经常看到类似的标牌，因为这些城堡的地板是珍贵且易被损坏的木材。不知何故，我也被它所吸引，就像我们有时会自然而然地关注被禁止的东西，也许这也部分解释了我在鞋业行业的职业生涯。

在青少年时期，鲁布托是个叛逆的孩子，他 12 岁离家出走，16 岁被学校开除。他在巴黎的 Folies Bergère 歌舞厅当学徒，还去著名夜总会 la Main bleue 和 le Palace 打工，他为舞蹈演员们做助理，包括为他们制作鞋子，但都没有成功。在此期间，他还经常逃离巴黎前往埃及，还在印度度过了一年的启蒙之旅。

20 世纪 80 年代初，27 岁的他决定安心与 Charles Jourdan 一起工作，学习制鞋的细节。随后，他结识了细高跟鞋的发明者之一罗杰·维维亚（Roger Vivier），并在他的工作室当学徒，而后成了他的助手。1988 年，他协助维维亚在巴黎时尚博物馆（Musée Galliera）举办了其品牌的回顾展。

担任了一段时间的自由设计师，鲁布托终于在朋友 Bruno Chambelland 和 Henri Seydoux 的支持下，于 1991 年在巴黎创立了自己的品牌并开设了第一家店铺，当时他 28 岁。

并不是所有的设计师都能在年轻的时候就可以创立自己的品牌，像乔治·阿玛尼、克里斯蒂安·迪奥、托瑞·伯奇、克里斯汀·鲁布托，都属于这类大器晚成的设计师，他们发展自己的品牌是在获得成功与经验后才开始的。

最初，该品牌的发展有点缓慢。20 世纪 90 年代初，克里斯汀·鲁布托还为许多著名设计师的时装秀设计时装鞋，如 Jean-Paul Gaultier, Azzaro, Givenchy, Lanvin, Chloe 等，这样做是明智的，这不仅可为他带来一些额外的收入，也增加了他在时尚界的知名度，这很有利于他的品牌发展，对年轻设计师来说，这是一个值得借鉴的经验。

1993 年，品牌迎来重要的里程碑，他有了把鞋底涂成红色的灵感，他回忆道："当时我的助理坐在那儿涂红色指甲油，我看了一眼，就决定把我的鞋底涂成红色，以此作为这个季节新品的标志。哦，我的天！红鞋底效果太好了！我的顾客让我不要停下来。"

不久，这抹红色便红遍了全球，艺术而性感的红底鞋子很快吸引了摩纳哥公主 Caroline，她也是鲁布托早期的顾客之一。麦当娜穿着那双"危险的高跟鞋"出现在音乐 MV 中，向全世界宣传鲁布托的鞋子。

许多女演员和名人也紧随其后，如 Catherine Deneuve, Diane Van Furstenberg, 还有 Christina Aguilera, Shirley Coates, Joan Collins, Jennifer Lopez, Tina Turner, Marion Cotillard, Nicki Minaj, Gwyneth Paltrow, Blake Lively 等。女演员 Sarah Jessica Parker 在她的婚礼上穿了一双鲁布托的鞋子，"小甜甜"Britney Spears 在她的音乐 MV《If U Seek Amy》中也穿了一双。鲁布托最大的客户是美国小说家 Danielle Steel，据说她拥有 6000 多双鲁布托的鞋子，她最多一次购买了 80 双鞋！

设计师常常会与客户建立牢固的个人关系，这有助于他们获得成功，尤其是对克里斯汀·鲁布托来说，他也深受已成为朋友的客户的影响。

2006 年，在与路易威登合作之后，鲁布托将其产品扩展到了女式手包领域。

2011 年，他开创了男鞋生产线。该品牌仍以女士高跟鞋为主，同时也为男士开发平底鞋和运动鞋。其品牌的总部、展示室、商店都位于巴黎古老而时尚的玛黑区，克里斯汀还在那里经营一家小型时装鞋厂。而所有 RTW（ready-to-weary，成品鞋）鞋的生产均在该品牌的意大利工厂生产。

2014 年，鲁布托与纽约 Batalure 美容公司合作推出了克里斯汀·鲁布托彩妆系列。

如今，克里斯汀·鲁布托在全球拥有 160 多家店铺，全球销售额达到 10 亿美元。目前，该品牌最大的消费市场是美国，其次是欧洲。该品牌进入中国的时间不长，目前开设有 15 家门店，还有很大的扩展空间。

我认为，随着阿涅利家族的资金投入，该品牌将在中国进行更多的投资。克里斯汀·鲁布托品牌董事总经理 Alexis Mourot 最近在 *Vogue Business* 杂志对其的采访中表示，他看到了在中国扩展业务的大好机会，将会进一步发挥该品牌独特、丰富多彩和快乐的精神。

此外，作为一家成立于 1929 年的家族控股公司，Exor 是巩固鲁布托长期发展的可靠合作伙伴。

请关注鲁布托在中国的活动，本书后面的章节，我将向大家介绍更多关于该品牌成功因素以及创始人克里斯汀·鲁布托本人的个性和文化背景。

彩妆品牌 Pat McGrath

彩妆是美容行业的明星。在奢侈品细分市场中，彩妆市场要么是由香奈儿、迪奥、圣罗兰、阿玛尼等时装设计师品牌驱动的，要么是由专业化妆师品牌驱动的，如植村秀、魅可、NARS、芭比·波朗、玫珂菲等。

中高端彩妆品牌包括如兰蔻、雅诗兰黛、娇兰以及由名人或网络达人推动的新品牌，如蕾哈娜的 Fenty beauty，中国品牌完美日记和花西子等。

你可能听说过彩妆品牌 Pat McGrath，你知道该品牌幕后的女人是谁吗？为什么 *Vogue* 杂志主编 Anna Wintour 称她为"世界上最有影响力的化妆师"？她是如何凭借在时尚和美容界的影响力而获得英国女王伊丽莎白二世认可的？

20 世纪 90 年代，Pat McGrath 与摄影师 Steven Meisel 和超模 Amber Valletta 合作，为 *Vogue* 杂志意大利版封面设计造型并打造妆容，开始了她的职业生涯。

之后的 20 年，Pat McGrath 在米兰、巴黎、伦敦和纽约等时尚之都工作。在由著名品牌和富有远见的设计师们举办的 60 多场时装秀中，包括亚历山大·麦昆、约翰·加利亚诺、阿玛尼、普拉达、杜嘉班纳、纪梵希、古驰、路易威登、范思哲、华伦天奴等，都由 Pat McGrath 为其 T 台秀模特打造妆容。2004 年，Pat McGrath 凭借其专长，成为多家知名彩妆品牌的全球首席化妆师，包括 CoverGirl 和 Max Factor。

2015 年，她推出了自己的彩妆品牌 Pat McGrath Labs，2019 年，该品牌的市值已达到 10 亿美元。

Pat McGrath 创造了大量令人难忘的明星经典 T 台秀妆容，她赋予了彩妆无限的创意和可能性。与其说她的作品是简单的化妆品，不如说这些作品是一件件艺术品，她与艺术的关系也体现在了其产品名字上。

她以裸手化妆而闻名，其实她更喜欢用化妆刷，她创造了完全可以直接用手涂抹的彩妆产品系列。

Pat McGrath 因对各种装饰元素的大胆使用而闻名，如花瓣、羽毛、珍珠、蕾丝、水钻等，与妆容浑然一体。

中国消费者可以通过该品牌官方旗舰店跨境购买，该品牌也在中国举办直播等销售活动，明星产品有亚光唇膏、唇妆套装、眼影调色板、高光、保湿唇膏。

Pat McGrath 表达了一种强烈的"母性"(Mothership)概念，为女性赋予坚定、强烈和奢华的感觉。那么这个概念是从哪里来的呢？

Pat McGrath 的昵称是 Mother（妈妈），她被认为是所有合作者的母亲，她的所有产品系列名称中都有 Mother（妈妈）的词汇，这首先与她母亲对她的影响有关。

Pat McGrath 在英国北安普敦长大，她的母亲是一名裁缝，在她 7 岁时，母亲就把美发、化妆和时尚的故事讲给她听，她们常常一起去买化妆品。母亲鼓励她化妆，为自己的妆容混合不同颜色，因为在当时，黑皮肤几乎没有其他选择。母亲对时尚、电影和服装的热情也激励了她，母亲鼓励她参加表演、选择面料、寻找合适的化妆品，并进入电影行业工作。

母亲的出生地牙买加是加勒比海上的一个岛国，以其旅游吸引力、鲍勃·马利（Bob Marley）的雷鬼音乐和尤塞恩·博尔特等世界级短跑运动员而闻名。

除了牙买加的文化根源，Pat McGrath 的品牌理念还与加勒比海地区以及 16 世纪美国路易斯安那州的克里奥尔文化相关。克里奥尔文化起源于殖民时代的非洲西部地区，克里奥尔人包括在殖民地以及南亚出生的欧洲后裔、当地居民和在殖民地出生的其他人（包括阿瓦拉克人、卡鲁凯拉人、卡拉伊博人）。

女性是克里奥尔文化的核心，被称为母亲是对女性的尊重，即使是非常年轻的女性，也会因为被称作母亲而感到自豪，因为这表明她们得到了最高的尊重，因为她们富有力量、善良和同情心。

在克里奥尔文化中，女性在公共场合应始终保持一种自豪和优雅的态度，她们对自己的尊重，通过着装、面容、头发、耳环，以及穿着时装的样态等细微的细节来表现。这种态度可能与她们祖先的奴隶身份有关，她们在经历了几个世纪的女性身份被剥夺、被当作奴隶对待后，不得不克服自身社会地位的卑微感，以获得尊严。

克里奥尔文化中的这一敏感成分无疑影响了 Pat McGrath，著名的马提尼加诗人和政治家艾美·塞扎伊尔（Aime Cezaire）对此做了很好的解释，他是法语文学中"黑人性"（Negritude，又译作"黑人传统精神"或"黑人精神"）运动的创始人。

"现在是彩妆的黄金时代"，Pat McGrath 经常说，整个地球都像她一样痴迷于化妆。对她来说，化妆是一种运动，化妆很迷人。化妆是她的专业，从年轻的时候起，这句话就在她的脑海里反复出现，并对此痴迷、上瘾。

Pat McGrath 的大部分设计灵感来自她对突出自然皮肤的追求。从她的化妆系列中可以看出，其产品专注于呈现无瑕亮丽的肌肤——从鲜嫩的婴儿肌肤到成年人活力饱满的光亮肌肤。

Pat McGrath 首先是一位自豪的、独立的、白手起家的母亲，她珍视的美不是肤浅的外在，她关注所看到的人其背后的故事，并相信"真正的美来自内心"。在我的学生 Ingrid 看来，Pat McGrath 不断创造着传奇，其品牌已成为第一个由黑人创立、领导和拥有的奢侈彩妆品牌巨头。

Chapter 3

第三章

奢侈品牌
管理基础

Luxury brand
management
foundations

引言

Introduction

奢侈品牌管理与快速消费品品牌管理的区别是什么？

奢侈品牌的目的并不是满足需求，它们的目的是创造梦想、欲望和情感。由此，我们可以将奢侈品牌管理定义为创造和销售梦想的艺术，因此，奢侈品牌并不总是遵循传统的营销规则。

例如，今天整个消费品行业都是以需求为基础的，我们已经进入需求驱动型经济时代。相反，奢侈品牌并没有真正响应需求，而是试图创造一个特殊的价格，并将此价格推向公众。奢侈品牌仍在遵循以供应为基础的营销，而不是基于需求的营销。

奢侈品牌也不会考虑定位或竞争对手，而专注于创造一些独特的东西以及它们的营销和品牌战略，以增强品牌的独特性。它们不想定位，不想与其他品牌相比较。

当你学习品牌管理时，你也会学到品牌识别的重要性——所有品牌都有一个标识。但在这里，奢侈品牌又是不同的：它们更喜欢强调自己的独特性，而不是谈论自己的身份。

一个显而易见的原因是，如果你只提到品牌标识，那么大多数奢侈品牌都有很多共同元素，例如，它们通常源自欧洲，如法国或意大利，它们都精通工艺、拥有悠久的传统和历史，它们创造出独特的产品、吸引精英客户，但这些元素都没有真正帮助提升每个奢侈品牌的独特性。

因此，许多奢侈品集团如路威酩轩（LVMH），更喜欢谈论品牌DNA而不是品牌识别。品牌DNA是什么？它是品牌标识的一部分，DNA（独特的遗传密码）使品牌具有独特性。例如，对爱马仕来说，它的品牌DNA可能是家族精神、打破传统和顽皮的个性，还有马术文化、与自然和旅行的关系等。

奢侈品牌始终强调它们的DNA，是什么使它们独一无二，从设计部门到营销和销售部门的所有品牌职能部门都将不断参考这种独特的DNA：它将决定许多品牌选择，包括品牌或产品延伸、品牌大使的选择、企业文化和人才管理等。

品牌DNA确实是独一无二的，它增强了品牌差异性。品牌DNA通常指品牌起源、专有技术和传统，它可以与创始人、诞生地、时间、文化等联系在一起。品牌DNA不是由客户的感知驱动的。

只有品牌DNA通常是不够的，因为在现实世界中，你不能通过提及你的品牌DNA与客户交谈或在线交流，品牌DNA通常是无形的，这对品牌利益相关者来说非常无趣。所以奢侈品牌使用另一种工具，叫作品牌视觉代码，我将其定义为"品牌DNA&视觉代码工具"。

品牌视觉代码的不同之处在于它们是视觉元素，而不是概念元素。代码可以是品牌名称、商标、与商标相关的设计元素、颜色或颜色组合、标志性产品等。

奢侈品牌往往代码很少，而且经常重复出现，这些代码通常是品牌DNA的视觉表现，这是一种非常明智的营销策略。奢侈品牌通过线上和线下交流，展示它们的代码，这些代码可以很容易地以图片、短视频、社交媒体内容的形式出现。通过这些方式，奢侈品牌将帮助客户有意识或无意识地理解品牌的独特之处。如果这些代码是品牌DNA的清晰视觉表现，那么就能够帮助客户理解品牌DNA是什么。

例如，爱马仕的视觉代码是马、马车标志，有时还有马鞍，这些元素都让人联想起该品牌所蕴含的马术文化。爱马仕广告中的趣味性和对橙色的使用可以帮助人们理解这个品牌的标新立异和幽默的个性。爱马仕的广告经常登载在《自然》杂志上，邀请我们去世界不同的美丽的地方旅行，这有助于读者了解爱马仕与旅行和自然的关系。

奢侈品牌管理的一个显著特征就是围绕其独特性进行的沟通，且这种沟通具有一致性和永恒性，这一点通过其品牌DNA和视觉代码来展现。一致性和对细节的关注是奢侈品营销的关键要素，是对整个组织内沟通和行为一致性的全面控制。

这种一致性也影响了奢侈品牌的叙事艺术。与许多创造美好故事的品牌不同，奢侈品牌的故事讲述更以自我为中心，也更以品牌为中心。奢侈品牌通过讲述精心整理的故事，来继续强调其独特性。因此，故事讲述通常基于创始人、品牌DNA和视觉代码，以及品牌档案来开展，想想香奈儿和迪奥的故事及宣传短片便可略知一二。

奢侈品牌管理的另一个特点是需要在品牌形象和销售、排他性、可及性和知名度之间保持平衡。这种现象也比较特殊，尤其对奢侈品品牌而言，因为它们的销售紧密关联着品牌形象，而对大众品牌来说，它们关注的全都是商业销售。

如果一个奢侈品牌没有一定的亲民性和知名度，就没有可持续的业务。但如果没有创造梦想和排他性感知的能力，就没有未来的发展。小型奢侈品牌和大型奢侈品牌往往有相反的需求。

知名奢侈品牌有着强大的业务规模，它们有足够的知名度，它们需要的是不断强化自身的排他性感知。新品牌或小品牌是排他的，但业务规模还不够大，因此它们应该想方设法提高知名度，而不是亲民性。流行性与品牌意识有着不同的含义，它关注的是那些可能永远不会购买该品牌，但会欣赏那些能购买该品牌的人的群体。想一想奢侈品牌路易威登，这个品牌拥有巨大的知名度，事实上有些产品也是可以亲民的，它们需要不断强化它们感知的排他性，如通过限量版产品来实现，也通过严格控制的分销形式来实现。

奢侈品牌最后一个特点是，它们始终需要管理时间悖论。

这是什么意思呢？这意味着奢侈品牌应该在传统的基础上不断创新，忠实于品牌的精髓和品牌DNA，同时与不断发展的消费文化保持关联，特别是与可能对奢侈品牌有不同定义和不同期望的不同消费群体关联。奢侈品牌越来越由消费群体来定义。

一个很好的例子是奢侈时尚品牌，这些品牌的传统服装、奢侈成衣和正式套装（西装、领带、围巾、皮鞋等）都与此相关。利用管理时间悖论可以巧妙地与当代艺术家或街头设计师合作，为年轻消费群体创造梦想和兴趣，与他们保持关联。

劳斯莱斯
Rolls-Royce

　　劳斯莱斯是我最欣赏的豪华汽车品牌。如何定义豪华汽车品牌？

　　汽车出现于 19 世纪，它取代了马和马车。以前，精英们驾驭纯种强壮的马来快速旅行，当他们想要舒适地旅行时，就会使用由一匹或几匹马拉的豪华马车，这对解读豪华汽车品牌不同的梦想因素至关重要。

首先，我们发现由速度和性能驱动的豪华汽车品牌是纯种强悍马匹的化身。想想法拉利、保时捷或兰博基尼，这就是为什么它们在品牌标志中使用马或其他强悍动物的原因。

这些豪华车奢侈又舒适（不排除强劲的发动机）。劳斯莱斯和宾利就属于这一类。

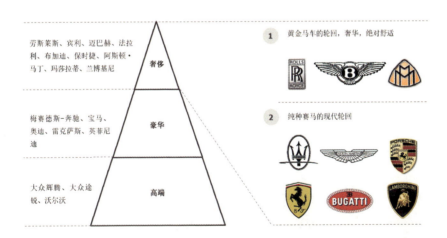

高档豪华汽车品牌会做同样的事情：宝马与法拉利的速度元素一致，拥有纯粹的驾驶乐趣；奔驰与宾利的豪华舒适体验更为一致。诞生于 21 世纪的特斯拉选择了另一个梦想元素——电动和自动驾驶，特斯拉的梦想因素可能是"不驾驶的乐趣"。

　　至于劳斯莱斯，它成为最负盛名的豪华汽车品牌，与如下因素密切相关。

　　第一，奢侈品牌须具有深厚的文化底蕴。

　　劳斯莱斯"双 R"标志提醒我们，它是由工程师查理·劳斯（Charles Stewart Rolls）和亨利·莱斯（Henry Royce）爵士于 1904 年共同创建的，两位创始人都热爱性能卓越的汽车。1906 年，他们推出了被誉为"世界上最好的汽车"的六缸发动机劳斯莱斯"银魅"（Silver Ghost）汽车。

查理·劳斯
Charles Rolls

亨利·莱斯
Henry Royce

1913 年，4 辆劳斯莱斯银魅汽车踏上奥地利阿尔卑斯山的小径，行驶过程毫无瑕疵，没有出现任何故障，这巩固了劳斯莱斯卓越的机械性能以及出色的可靠性的声誉。

20 世纪 30 年代，"幻影 III"（Phantom III）汽车问世，这是劳斯莱斯有史以来第一辆采用 V12 发动机的车型。

第二，奢侈品牌需要创造卓越的奢侈产品。

如今，劳斯莱斯汽车仍然是在英国古德伍德（Goodwood）手工制造，且其大多数车型都是定制的。亨利·莱斯曾说过："凡事必须追求完美，把最好的做得更好。如果没有最好的，就设法创造出来，不接受任何近乎正确或足够好的东西。"

劳斯莱斯专注于纯粹的奢华，尤其是在推出具有标志性的银魅（Silver Ghost）车型之后，该车型拥有专属车牌和铝制饰板，采用最高质量的材料，并经过最高标准的碰撞测试。

个性化没有限制。品牌提供超过 44 000 种调色板，可以复制出任何颜色，颜色将以客户的名字命名。一名油漆工要为车身手工涂刷 7 层以上的油漆，通常涂刷两三层要用 45 公斤油漆。一位客户希望漆面多点闪光，他给了劳斯莱斯公司一袋钻石，劳斯莱斯将这些钻石压碎并注入油漆中。

劳斯莱斯的另一个梦想因素是静音和完全没有震动。劳斯莱斯"幻影"车型内置重达 136 公斤的隔音材料，使其成为世界上最安静的汽车。在今天这个拥挤喧嚣的世界里，安静就是一种奢侈！

此外，劳斯莱斯独特的气味被添加到汽车座椅的底部，重现经典香气。

劳斯莱斯首席执行官 Torsten Müller-Ötvös 经常这样形容该品牌的三款传统车型："幻影"是晚餐夹克；"银魅"是商务套装；"魅影"是周末运动夹克，主要面向年轻客户。

第三，奢侈品牌吸引精英人士，具有专属性。

20 世纪 50 年代，劳斯莱斯取代奔驰成为英国王室的首选汽车品牌，也是女王的座驾。幻影四号车型专售给皇室和国家元首。

20 世纪 60 年代，劳斯莱斯则成为歌手、演员和名人成功的象征，车主包括汤姆·琼斯、约翰·列侬、乔治·贝斯特、托尼·柯蒂斯等。最近的劳斯莱斯主人有明星卡戴珊、Lady Gaga、康纳·麦克格雷戈、詹妮弗·洛佩兹、贾斯汀·比伯、格温·斯特芬尼等。

劳斯莱斯为其所有客户提供最高级别的专有权：劳斯莱斯会调查客户背景，满足客户所有需求。一款名为"Whispers"的应用程序仅供劳斯莱斯车主专用，其本身就是一项奢侈体验指南。

第四，奢侈品牌擅长讲故事。

我最喜欢的劳斯莱斯故事是"欢庆女神"的故事。"欢庆女神"迷你雕像已经成为奢华和优雅的象征，她名为"The Whisper"，也被称为胜利女神、发光女神和飞翔女神。雕像是由雕塑家查尔斯·赛克斯为他的朋友约翰·蒙塔古男爵创作的，雕塑形象是一名单脚站立，穿着飘动的披衫的女性，她用手指轻压嘴唇，仿佛想保守某个秘密。

这个故事背后确实有一个秘密。故事的女主角是埃莉诺（Eleanor Velasco Thornton），她是男爵十多年的秘密情人，由于她社会地位低下，他们不能结婚，这就是这个故事中的"whisper"。后来，劳斯莱斯邀请雕塑家赛克斯以这件雕塑为创作灵感，为劳斯莱斯设计了标志性的发动机罩装饰物。

最后一点，奢侈品牌需要在传统的基础上进行创新。

奢侈品牌保持相关性至关重要，而劳斯莱斯则以不同的方式做到了这一点。著名演员凯特·温斯莱特（Kate Winslet）在一部电影中讲述了这位欢庆女神的故事，并为"欢庆女神"配音。

劳斯莱斯还与艺术家开展独家艺术合作，如劳斯莱斯幻影画廊展示了来自非洲原始呼唤的画作。

作为弘扬当代艺术的代表，劳斯莱斯艺术计划为艺术界带来了新的作品和视角，并向劳斯莱斯与国际艺术界分享的卓越创意精神致敬。

劳斯莱斯 103EX 纯电动车自带自动驾驶功能，将劳斯莱斯推向未来，依然采用高级定制形式。

奢侈品牌在不削弱其独特性的情况下，能在多大程度上与不断发展的消费文化保持关联？劳斯莱斯推出首款 SUV 车型，命名为 Cullinan（库里南），并没有违背品牌的 DNA。这款车是以库里南钻石而命名的，这是迄今为止世界上发现的最大的钻石，重达 3100 克拉。

这款车型承载双涡轮增压 6.75 升 V12 发动机，起售价为 325 000 美元，所以，这辆车并不是真正的 SUV 车型。劳斯莱斯仍然是最负盛名的豪华汽车品牌，每年在全世界生产的汽车不到 5000 辆，对于像我这样重视传统和卓越的人来说，没有任何汽车品牌可以与劳斯莱斯相比，它传达了我能想到的最奢华的生活方式元素。

元素之一：冒险。

Cullinan（库里南）SUV 车是奢侈汽车领域的一个新概念，一些观察家称这款新车为运动型多用途车（SUV），但事实并非如此。2016 年年中上市的第二款车型是 pinnacle drophead（敞篷）旅行车，它可为四名乘客提供轻松、开放式的旅行体验和迷人的驾驶体验，让他们倍感舒适。

元素之二：基于传统的革新

劳斯莱斯幻影画廊——当代非洲艺术的突出表现，是将技术与传统观念结合起来的巨大挑战。

劳斯莱斯的品牌合作与创新包括：

•2019 年新加坡游艇展，高级定制游艇品牌 Sanlorenzo（圣劳伦佐）和劳斯莱斯继续在亚洲地区进行合作。

• 腕表品牌 Franck Muller 和劳斯莱斯日内瓦公司（Rolls-Royce Geneva）合作推出全球限量款腕表和更有时尚感的黑色涂装车型，手表和汽车均从 Franck Muller 著名的"Crazy Hours"腕表汲取灵感，彰显两大品牌的独特个性。

• 珠宝品牌 Mario Uboldl Jewelry Art 受邀参加劳斯莱斯车迷俱乐部（Rolls-Royce Enthusiasts, Club）90 周年的盛会。

• 作为中国新年庆祝活动的一部分，劳斯莱斯专门为文华东方酒店开发特别款劳斯莱斯库里南汽车。

元素之三：幻影——标志

世界需要标志。世界上那些与众不同的人也是一种标志，对这些人来说，只有劳斯莱斯最纯粹的表达才能匹配这种独一无二。

劳斯莱斯是镀金马车的转世。对王室或英国女王伊丽莎白二世来说，没有什么比这更舒适、更豪华、更漂亮的了，劳斯莱斯与他们的地位相匹配，甚至超出了标准。

乔治·阿玛尼
Giorgio Armani

乔治·阿玛尼，意大利时尚界的传奇人物，我有幸在 2000 年至 2004 年期间与他共事，当时我负责法国市场。阿玛尼先生 87 岁高龄时仍然是其集团的主要股东，并担任该集团的首席执行官和创意总监。

在阿玛尼身上，一切都很不寻常：他中断医学学业，到米兰文艺复兴百货（Rinascente）担任视觉陈列设计师。之后，他担任 Cerruti 品牌的设计师，最后成为一名独立设计师。

1975 年，41 岁的阿玛尼创立了自己的品牌。1982 年，他登上了《时代》杂志的封面。他是意大利最富有的人之一，拥有 90 亿美元的净资产。

没有资金和设计专业的教育背景，他如何能白手起家建成庞大的时尚帝国？

第一，他为时尚界带来的文化创新，使之成为意大利时装之父。他与瓦伦蒂诺、范思哲、普拉达合作，以高级成衣成功地挑战了迪奥、香奈儿、圣罗兰等法国时装品牌的领导地位。

阿玛尼品牌从一开始就与众不同，阿玛尼明白，人们希望穿得优雅而休闲。他首创休闲时尚的概念，这反映了他自己的个性，你总能看到他穿着休闲时尚的衣服。他解构了传统的男女夹克，摒弃了高级定制时装的剪裁规范，采用宽松舒适的面料。

我经常利用品牌 DNA 和视觉代码来分析奢侈品牌的独特性。以下是我对阿玛尼的价值观、品牌视觉要素的梳理与总结。

阿玛尼的价值观：	阿玛尼品牌视觉元素：
• 质疑规则	• 打破传统剪裁规范
• 反对等级制度和僵化	• 流动性，开放结构
• 不向外部影响妥协	• 现代而永恒
• 忠实	• 一致性和连续性
• 审慎	• 中性色（蓝色、黑灰色、米色、灰色等）
• 朴实无华	• 极简、低调
• 完美主义者	• 离散但无可挑剔

第二，阿玛尼理解奢侈品的亲民化。阿玛尼本人就是一个非常平易近人的人，谦虚，近乎害羞，他更喜欢和初级员工讨论。

1975 年，他成功推出男女奢侈成衣品牌乔治·阿玛尼（Giorgio Armani）。1981 年，创立了时尚品牌 Emporio Armani，面向更年轻的受众。阿玛尼意识到，这两个品牌的价位仍然很高，为了使其更加亲民，他同时推出了两个副线品牌：Armani Collezioni（乔治·阿玛尼的更实惠版本）和 Armani Jeans（Emporio Armani 的牛仔类延伸）。

1991 年，他看到了街头服饰的影响力，创建了 A|X Armani Exchange。

2003 年，他推出 Armani Prive 高级定制系列。阿玛尼集团的产品线覆盖了当时时尚金字塔的所有部分——从高级定制到大众精品。但所有这些品牌之间仍然有很强的一致性，它们都以不同的方式传递着 Armani man & woman 的理念。根据品牌整合趋势，阿玛尼专注于 3 个品牌：GA、EA 和 A|X。

第三，阿玛尼是奢侈生活方式的先驱。

阿玛尼比其他人更了解消费者希望品牌传达生活方式和体验元素的需求。他从两个方向发展了我称之为横向生活方式的品牌延伸：1. 进入个人装备领域，包括皮具配件、鞋履、手表、珠宝、美容（香水、化妆品、护肤品）、眼镜。2. 增加更多体验生活方式的元素，包括书籍、绘画、音乐、花卉、家居产品和家具，如 Armani Casa、EA 咖啡馆，以及与日本主厨 Nobu 进行合作。

接下来的品牌延伸有迪拜和米兰阿玛尼酒店和房地产项目，以及之后位于美国佛罗里达州迈阿密、中国北京朝阳公园附近的阿玛尼公寓。

这些领域听起来可能很繁多，但当你了解阿玛尼后，你就会明白其连贯性，这一切都事关他的美感、品位和喜好，一切都与他有关，这使得品牌更有意义。作为一名设计师，他从不把自己局限于时尚领域。

2003 年，我和阿玛尼先生一起去上海参加外滩 3 号旗舰店的开幕活动，品牌在外滩还会举办一场时装秀。我们住在外滩的威斯汀酒店，早上，他与我们分享了他对酒店房间布局和装修的想法。他说，他将为自己的衬衫设计更大的抽屉，在浴室里安置一个座椅等。不久后，他在迪拜开设了第一家阿玛尼酒店，实现了他的梦想。

第四，阿玛尼不仅是设计师，还是精明的商人。当我和他一起工作时，他的商业意识、平衡的理性思维和感性思维，给我留下深刻印象。他理解商业合作的必要性，他还是授权许可管理的大师。由于一开始没有资金，他将所有核心服装业务许可给意大利纺织公司，这使他能够专注于设计和品牌建设。

最初 20 年，所有业务都由他的授权合作伙伴提供资金，从收到的授权费中，阿玛尼积累了数亿元现金流。至 20 世纪 90 年代末，这些资金使阿玛尼能够回购许可证和分销权，重新获得对其业务的控制权。

在配饰方面，他继续利用授权许可，最好的案例是陆逊梯卡（Luxottica）眼镜和欧莱雅的美容产品。阿玛尼与欧莱雅的合作始于 1983 年，这是一场欢乐且双赢的联姻。38 年后，双方仍然保持着合作关系。

我记得阿玛尼参与了合作业务的所有细节工作。当我在巴黎春天百货开设新的特许店时，他检查了装修，视察了门店的相邻品牌，并对各项细节都提供了建议。

当你在一家由如此有魅力的首席执行官和老板管理的公司工作时，可能也存在一个问题，那就是你必须学会说"是"，而似乎无须说"不"。

2004 年是我和阿玛尼在一起共事的最后一年，我们都认为他 70 岁就要退休了。但 17 年后，他仍然在那里。他的品牌也是他一生的事业，并不会停止，他看起来状态很棒。

阿玛尼的状态似乎证明：当一个人充满激情地工作时，工作可以让人保持健康和快乐。我确信这一点，并将这一原则应用于自己的生命实践。我不会停止教学，希望我的学生和读者都能在工作中找到激情，并把它变成生活和健康的食粮。

蒂芙尼
Tiffany

路威酪轩（LVMH）集团以 158 亿美元收购蒂芙尼品牌，其背后的原因是什么？

这是奢侈品行业迄今为止规模最大的一个收购项目，将对奢侈品和珠宝行业产生巨大影响。我相信路威酪轩集团有雄心壮志，并且有能力将蒂芙尼打造成全球第一的珠宝品牌，将在未来 10 年内将其年销售额从目前的 40 亿美元增加到 100 亿美元以上。

奢侈品牌生意的成功之道在于：一方面依赖传统与排他性，一方面在流行与亲民性之间巧妙平衡。路威酪轩集团可能最擅长处理这一矛盾——在加强品牌形象和声誉的同时，增加品牌业务和知名度。集团在路易威登、迪奥和宝格丽品牌上展示了这一点，这些品牌都在路威酪轩集团的领导下重新获得了惊人的销额售和利润增长。

路易威登是目前世界上规模最大、最成功的奢侈品牌，2019 年它创造了 135 亿欧元的销售额，据分析师估计，20 年前没有人会相信这是可能的。那么，路威酪轩集团对蒂芙尼的发展做出了什么样的改变呢？

第一，通过强化和强调蒂芙尼令人惊叹的传统和文化基础，与法国著名奢侈品牌相媲美。

蒂芙尼 1837 年成立于纽约，路易威登 1854 年成立于巴黎。蒂芙尼的创始人查尔斯·刘易斯·蒂芙尼（Charles Lewis Tiffany）选择了独特的蓝色作为品牌色调，即蒂芙尼每年推出的精美手工珠宝系列的礼盒颜色，该颜色首次亮相于 1845 年，用于 *Tiffany's Blue Book*（蒂芙尼每年发布的豪华珠宝目录）的封面。选择这种颜色可能是因为 19 世纪流行绿松石，而绿松石是维多利亚时代新娘们的最爱，她们通常会送给随从一枚鸽子蛋形状的绿松石胸针作为结婚纪念。

查尔斯从世界各地购买了一系列非常大且著名的钻石（包括法国皇冠宝石），同时也从南非金伯利矿山购买了一颗世界上最大的黄色钻石——重达287.42克拉的花式黄色钻石，这是迄今为止世界上最好的宝石之一，它被切割成128.54克拉，命名为蒂芙尼钻石。今天，这颗世界闻名的钻石在纽约第五大道上的蒂芙尼旗舰店永久展出，每天吸引着众多游客前来观赏。

蒂芙尼与奢侈腕表品牌百达翡丽的合作始于1851年，一直持续到现在。

堪称蒂芙尼的一个转折点的便是该公司于1886年推出了颇具传奇色彩的钻石订婚戒指，即今天的Tiffany Solitaire系列，为其高品质奠定了基础。而蒂芙尼蓝色礼盒，也成为与戒指一样令人向往的物品。

蒂芙尼在其历史上一直与创新宝石联系在一起，如1902年的孔赛石（Kunzite）、摩根石（Morganite，以银行家摩根先生的名字命名的柔粉色的宝石）、蓝色坦桑石等。

1902年，查尔斯·刘易斯·蒂芙尼之子路易斯·凯富·蒂芙尼（Louis Comfort Tiffany）为蒂芙尼品牌带来了丰富多彩的自然主义美学理念，至今仍是蒂芙尼设计师的主要灵感来源，其灵感来自1940年在纽约57街和第五大道拐角处开设的极具标志性的装饰艺术风格旗舰店。

蒂芙尼将名人与普通人的伟大爱情故事联系在一起，成为与爱情和庆典联系紧密的最受欢迎和最具传奇色彩的珠宝品牌。

1961年，电影《蒂芙尼的早餐》首映，影片中充满了经典的品牌印记。电影中奥黛丽·赫本（Audrey Hepburn）在纽约蒂芙尼旗舰店橱窗前的画面，成为永恒的经典。随后，蒂芙尼首饰在电影《西雅图夜未眠》（1993）和《情归阿拉巴马》（2002）中陆续亮相。

电影《西雅图夜未眠》

电影《情归阿拉巴马》

那首玛丽莲·梦露演唱的《钻石是女孩最好的朋友》，也使蒂芙尼的名字流传深远。

第二，路威酩轩（LVMH）集团不仅强调和强化蒂芙尼的传统和传奇，还持续创新，这是奢侈品牌成功的另一个重要因素。这意味着能够为品牌带来现代性和创造力，让传奇充满活力，刷新梦想因素，确保品牌享有盛誉并忠实于传统，并与不断发展的新一代的消费文化相关，特别是"千禧一代"①和"Z世代"②。

---

① 千禧一代：英文名为 Millennials，指的是在 20 世纪出生且在 21 世纪初达到成年年龄的一代人。这一代人主要出生于 1980 年至 1995 年之间，他们的成长时期与互联网和计算机科学的快速发展时期相吻合。
② Z世代：通常指的是 1995 年至 2009 年之间出生的一代人，也被称为"网生代""互联网世代""二次元世代"。Z世代是在互联网和社交媒体蓬勃发展的时代出生的。

上海 Tiffany Blue Box Cafe 咖啡馆

大阪 LV café in Osaka 咖啡馆 　　纽约 Blue Café New York 咖啡馆

蒂芙尼和路威酩轩集团在创新艺术、设计合作以及生活方式创新方面已有相同的举措，例如，蒂芙尼在上海开设了 Tiffany Blue Box Cafe 咖啡馆，路威酩轩集团在大阪开设了 LV café in Osaka 咖啡馆和 Bvlgari 酒店等。

蒂芙尼与优秀设计师合作，如与 Jean Schumberger、Elsa Peretti、Paloma Picasso、Frank Gehry、Francesca Amfitheatrof 等都有非常成功的合作记录，还与格蕾丝·科丁顿、Lady Gaga、凯特·温斯莱特、安妮·海瑟薇、瑞斯·威瑟斯彭、凯特·布兰切特等时尚名人合作。

因蒂芙尼前首席执行官亚历山德罗·博廖洛（Alessandro Bogliolo's）的这种经营战略，蒂芙尼在中国年轻一代中具备了相当强的影响力。路威酩轩集团肯定会加强蒂芙尼在 Z 世代和千禧一代中的知名度，更多地利用数字化参与、社交媒体、KOL 达人等形式开展相关合作，同时利用实体旗舰店来增加品牌的梦想因素和声望。

第三，也许最重要的因素就是团队成员。在 CEO 层面、设计和产品层面、公关和沟通层面，高层管理人员对奢侈品牌的成功至关重要，这一点在快速消费品领域更为明显。因为在奢侈品行业，高层管理人员更接近产品、客户、商店，因此，他们起到了关键作用，并能强烈影响奢侈品牌的成败。

路威酩轩集团宣布，蒂芙尼的全新管理团队将由 3 名经验丰富的路威酩轩集团高管组成。路威酩轩集团全球商业活动执行副总裁安东尼·莱德鲁（Anthony Ledru）将担任蒂芙尼品牌首席执行官。集团创始人贝尔纳·阿尔诺（Bernard Arnault）先生的次子亚历山大·阿尔诺（Alexandre Arnault）支持、负责产品和沟通，路易威登首席执行官迈克尔·伯克将担任董事长。

莱德鲁拥有非常强大的零售、商业和商业发展专业知识，特别是在美国，在为品牌 Harry Winston 和 Cartier 工作后，曾担任路易威登美洲公司首席执行官、蒂芙尼北美高级副总裁。毋庸置疑，销售、商业技能、业务发展技能仍然是任何奢侈品牌管理中最重要的技能，尽管市场营销令人兴奋，但销售和业务发展通常提供了更多的机会，让他们获得最高级别的管理职位。

亚历山大·阿尔诺（Alexandre Arnault）自 2017 年起担任 Rimowa 品牌的首席执行官，并将其打造成一个以产品创新及与 Supreme、Dior 和 Off White 高端合作而闻名的品牌。阿尔诺只有 28 岁，他带来了年轻、大胆和现代元素。对路威酩轩集团来说，相信如此强大的年轻团队能够在未来实现蒂芙尼向世界领先奢侈品牌的转型，这本身便是一个非常强烈的信号。

能够强烈认识到年轻一代在当今奢侈品行业中的重要性，对让后代参与管理家族集团的富豪家庭来说，也是稳固家庭关系的有力象征，亚历山大·阿尔诺就是个例子。这也表明，富有和有权势的商人的子女，如果表现出他们的热情和专业知识，就可以顺利地承担家族企业的最高责任。在 Rimowa 任职过的阿尔诺，在年轻时就明显地释放出这样的信号。

这对中国的家族企业来说是一个非常重要的参考，也是对年轻人的一种强烈鼓励。

丽兹酒店
Ritz Hotel

巴黎有很多豪华酒店，如果你问我最喜欢哪一家，我会说是巴黎丽兹酒店，这家酒店是一个活生生的传奇。

这个传奇始于为其命名的创始人恺撒·丽兹（César Ritz），他和他的酒店被称为"酒店业之王＆国王的酒店"，就像卡地亚被称为"珠宝商之王＆国王的珠宝商"一样。

1898 年，丽兹酒店在巴黎开业时，恺撒·丽兹在他的客户中已经是一个传奇人物。冬天在法国里维埃拉酒店，夏天在瑞士阿尔卑斯山酒店，最后在伦敦的萨沃伊酒店，他为最富有的精英阶层服务了 30 年。

比任何人都更了解富人的心理，这就是他的秘密。恺撒·丽兹使不可能成为可能，因为他知道如何满足财富阶层的"怪癖"，使他们在住店期间总是感到很兴奋、很有娱乐性，那些奢华聚会总是超出他们的预期，因此，他的客户们都鼓励他开办自己的酒店。1898 年，当巴黎丽兹酒店营业时，有些人还为他提供赞助费。此后，他又开设了伦敦丽兹酒店。

美国丽兹卡尔顿品牌源于恺撒·丽兹的传奇，以及其旗下的丽兹酒店在欧洲的声望。丽兹卡尔顿酒店的狮冠标志，也是由恺撒·丽兹设计的。

不过，埃及亿万富翁 Al Fayed 拥有的巴黎丽兹酒店，一直独立于丽兹卡尔顿酒店品牌之外。

丽兹酒店传奇的第二个元素，是其位于巴黎旺多姆广场（Vendôme）的独特地理位置。

构成旺多姆广场的 27 座建筑的外墙完美对称，它们的历史可以追溯到 1705 年，由法国国王路易十四的建筑师 Jules Hardouin-Mansart 设计。

　　这个位置紧挨着卢浮宫、杜伊勒里花园、巴黎歌剧院，它是巴黎的历史中心，非常安静祥和。只有一条街道——和平街，能把你带到那儿去。

　　如今的旺多姆广场汇集了世界上几乎所有高档珠宝和手表品牌的精品店。想象一下，早上穿过酒店，漫步在几乎没有汽车的旺多姆广场……

　　丽兹酒店传奇的第三个元素是客人。自1898年开业以来，包括27岁的马塞尔·普鲁斯特（Marcel Proust）在内的名人和皇室成员都曾光顾过这家酒店。酒店一直吸引着斯科特·菲茨杰拉德（Scott Fitzgerald）、欧内斯特·海明威（Ernest Hemingway）、可可·香奈儿（Coco Chanel）等历史名人，特别是可可·香奈儿（Coco Chanel），她在这里住了34年。由于这个原因，该酒店现在拥有世界上第一个香奈儿水疗中心——巴黎丽兹香奈儿（Chanel au Ritz Paris）。

　　丽兹酒店曾出现在奥黛丽·赫本主演的电影《偷龙转凤》中，影片中奥黛丽·赫本穿着纪梵希经典的小黑裙。

　　丽兹酒店传奇的第四个元素是酒店本身。丽兹酒店的规模逐渐扩大，增加的新建筑位于旺多姆广场和康朋街之间。当你很容易在丽兹酒店迷路时，你便可以体会一下探索迷宫的乐趣。丽兹酒店的贵客，拥有星空一般优雅从容的心境。

经过四年完整的改造，2016 年，巴黎丽兹酒店重新开放，共设有 70 间客房和 70 间套房，房间中除了安装有当代最先进的隐藏在镜子里的电视技术、触摸面板照明等高科技设施，还建造了一个可伸缩的屋顶。任何天气下，客人都可以在冬季花园的露台上享受美食。

丽兹酒店还有一个秘密花园是我最喜欢的。在丽兹酒店的历史"沙龙"（History Salon）上，我为复旦大学 EMBA 的学生们做奢侈品讲座时，曾把这个花园介绍给他们，学生们也非常喜欢。

这个花园可带您通过酒店从旺多姆广场到达康朋街以及许多品牌专卖店。

酒店此次完整翻修还突出了以著名客人名字命名的豪华套房，他们是：可可·香奈儿、海明威、斯科特·菲茨杰拉德、温莎、玛丽亚·卡拉斯、加勒王子、查理·卓别林、肖邦、马塞尔·普鲁斯特等。此外，还有丽兹公寓和帝国套房，其灵感来自法国国王路易十六的皇后玛丽·安托瓦内特在凡尔赛城堡的房间。

恺撒·丽兹也是酒店餐厅的先驱，餐厅装饰充满了他与主厨埃斯科菲（Escoffier）的往日回忆。酒店拥有很棒的餐厅和酒吧，如米其林三星餐厅 L'Espadon、Vendôme 酒吧、普鲁斯特沙龙、海明威酒吧，还有一家著名的烹饪学校 École Ritz Escoffier。

当我带领学生们参观丽兹酒店时，我们参观了不对客人开放的酒店地下室。酒店地下室如同一个巨大的地下城市，专门用于学校、员工、厨房、面包和糕点店等生产所需。

丽兹酒店的传奇还在于其长达 123 年经营历程中发生的无数的故事。当你入住这里，享用"血腥玛丽"鸡尾酒时可与海明威产生联系，当年的酒保专为这位伟大的作家发明了这款鸡尾酒，可以让他在回家后令妻子闻不到酒味。

我最喜欢的故事是关于斯科特·菲茨杰拉德（Scott Fitzgerald）的，他曾试图引诱一位女士。他把一束兰花送到了她的桌子上，当她把兰花送回他的桌子以示拒绝时，这位"情圣"悲伤地吃起了花瓣，这个举动让那位女士又接受了他的礼物。这个诱惑游戏在法语中被称为"le coup de l'orchidée"（传情兰花）。

在丽兹酒店，没有入住和退房的时间，你的房间随时会准备好，你也可以随时离开。

考虑到房间的价格，我认为这是很正常的，这仍然是一种很好的特权。奢侈品是一个特权世界，正如我经常说的，当谈到奢侈品时，价格不是问题。

奢·简——我的奢侈品牌管理艺术

安缦度假酒店
Aman Resorts

安缦度假酒店集团在全球管理着近 35 处房产，其中三分之二在亚洲，其余在欧洲和美洲。

有些是非常具有代表性的,如普吉岛安缦璞瑞(Amanpuri)、犹他沙漠安缦吉瑞（Amangiri）、威尼斯安缦（AmanVenice）、黑山安缦圣斯特凡（Sveti Stefan）、菲律宾原始巴拉望海滩安缦普罗度假村（Amanpulo）、马拉喀什安缦杰纳（Amanjena），以及即将在纽约第五大道和皇冠大厦第 57 街拐角处开业的纽约安缦。

安缦还在中国经营着 4 家卓越的度假村，分别位于北京、上海、杭州和丽江。我经常告诉我的北大学生们，颐和安缦度假村离你们的校园很近，这是很好的机会，可以到那里喝杯茶，了解安缦在做什么。

安缦酒店的房间或别墅价格较高，北京颐和安缦度假村，在某段时间最便宜的别墅价格是每晚 6000 元人民币，威尼斯安缦酒店每晚房价 1450 欧元，美国安缦吉瑞酒店每晚房价 3500 美元。

为什么人们要支付如此昂贵的费用？对于寻求社会认可的富人来说，这是炫耀性支出吗？

事实上，对品牌创始人阿德里安•泽查（Adrian Zecha）来说，安缦并不是一个真正的奢侈品牌，他在说到安缦时谈到了情感上的安慰——富有但却追求优雅的个人乐趣。在安缦炫耀是不可能的，因为其度假村过于分散和私密。

那么，是什么让安缦如此独特？

首先，安缦为您带来"空间和隐私"，这在今天的五星级酒店中也是罕见的。度假村规模较大，但别墅的数量很少，不到 40 或 50 栋。

其次，安缦也关注整体文化体验，它是指与当地自然和当地文化的联系：每个安缦度假村都位于一个拥有独特自然和文化遗产的地方，为客人提供强烈的文化沉浸感。

最好的例子是不丹的安缦库拉度假村（Amankora）。17 年前，安缦在这个神秘的王国开设了度假村，5 个风格不同但同样简单和真实的住所，都位于不丹最有趣的地区：帕罗、蒂姆福、冈泰、布姆桑和普纳哈，因此你可以和安缦一起穿越不丹。

另一个例子是日本京都安缦酒店（Aman Kyoto），位于森林中心的一个秘密花园里，紧挨着京都金阁寺和其他 16 处联合国教科文组织认定的世界文化遗产。

印尼爪哇安缦吉沃酒店（Amanjiwo）坐落于世界文化遗产婆罗浮屠的所在地印尼日惹，酒店规模不大但非常壮观，建筑风格和婆罗浮屠一致，被称为诸神殿堂之下的"宁静灵魂"。

中国的安缦度假村也位于文化高度发达的地方，颐和安缦度假村内陈设有明代家具、传统的清代亭台楼阁和美丽的庭院。我最美好的记忆是该度假村为其客人提供的特权：在颐和园面向公众开放前两小时，从度假村一扇私密的门可直接进入颐和园，我曾在安静的颐和园里单独待了一个多小时。

杭州法云安缦度假村（Amanfayun）被茶园、天然林地和七座古老佛教寺庙组成的朝圣圈所包围，距离宁静的西湖仅六公里。安缦度假村的别墅宽敞舒适，但不过度奢华，装饰反映了当地文化特色。度假村拥有一个巨大的图书馆，邀请你阅读、了解当地文化和冥想，图书馆占据了整个建筑的两层，我在那里待了很长时间。

一个特别的记忆是我们的司机，她也是一位导游，更是安缦的长期雇员。她陪伴我们进行了一次独家的安缦西湖之旅，早上5点她把我们带到一艘特殊的船上，我们在湖面上泛舟时，大批游客还没有到来，安缦船员为我们提供了一顿简单的早餐。

显然，个性化服务是安缦的另一个独特元素。由于别墅数量较少，每间酒店的客人和员工比例是业内最高的：一位客人大约拥有5名服务员工，这使安缦能够提供非常真实的个性化服务。

安缦的目标客户是拥有良好旅行经历和教育背景的客户，这些客户有兴趣在享有特权但低调的私密环境下获得文化交流。这些被称为"安缦痴"的粉丝，是成功的商人、名人、演员等，他们希望安缦保护自己的隐私。

安缦度假酒店创始人阿德里安·泽查（Adrian Zecha）拥有中国血统，他出生于印度尼西亚苏加武眉（Sukabumi）的劳·西姆·泽查（Lauw-Sim-Zecha）家族，属于当地华裔豪族（Cabang Atas）。阿德里安·泽查的曾祖父 Lauw Tek Lok 娶了一位兼有印尼与波希米亚血统的女孩路易莎·泽查（Louisa Zecha），她是一位成功的华人后裔。

阿德里安·泽查（Adrian Zecha）是一个真正的世界公民，一个真正融合东西方文化的人物，但他真正的文化传统来自亚洲。在印尼家族田产、种植园生活时期的童年记忆深深地影响了他，他曾回忆童年在阳台上看不到土地的尽头。他解释说，现在的世界对每个人来说都变得越来越小。

因此，在经历了记者和酒店经营者的职业生涯后，他决定推出一个度假村品牌，为少数人重新创造空间，并为他们提供隐私和情感安慰。第一家安缦度假村于 1987 年在泰国普吉岛的一个椰子种植园区内开业。

　　在度假村的装修过程中，泽查始终尊重当地文化和工艺特色，因此他赢得了不丹、印度尼西亚、日本、越南、印度、柬埔寨，还有中国等国家的政府和业主的信任。

　　正是泽查的个性和价值观，以及他的声誉，使安缦得以在中国北京建设安缦颐和，在上海建设上海养云安缦，在杭州建设杭州法云安缦和在丽江建设丽江大研安缦。

香格里拉酒店
Shangrila

我将与大家分享实用的品牌工具，使用这些工具来解码香格里拉酒店品牌。

选择香格里拉酒店品牌主要有两个原因：1. 酒店业受到新冠疫情和国际旅行限制的严重打击，是时候考虑帮助酒店恢复一些业务并重新发现一些好的去处。2. 豪华酒店是我个人兴趣的核心，我也教授奢侈酒店品牌管理课程，香格里拉酒店品牌是一个很好的案例。

第一部分：品牌工具

创建高端/奢侈品牌时，至少需要考虑两个要素：一是品牌的视觉元素，从名称、标志、颜色、设计元素、标志性产品等开始，我通常将这些视觉元素称为品牌视觉代码。二是品牌的附加价值。奢侈品牌的附加价值不仅需要功能性，还必须具有情感性和象征性，从而创造吸引力，我称之为品牌DNA，这是让你的品牌与众不同、独一无二的根源。

这些元素往往与创始人对品牌的愿景和个性有关。

但是，一个品牌不能只存在于创始人的脑海中，它必须存在于客户的脑海中，因此，品牌也是由客户对该品牌的了解来定义的。有不同类型的技术知识、视觉知识、仪式知识（当你从A到Z学习品牌知识时）和故事讲述（当你通过将品牌与其他元素相关联来间接了解品牌时），品牌需要开发这三种类型的知识，而数字营销/传播在此过程中发挥着核心作用。

为了创造这些知识，品牌开发了丰富的故事讲述、强大的

品牌内容以及 UGC①和 KOL②内容，以在多个平台上推送和发布的形式，触达不同目标客户群。

奢侈品牌的特殊之处在于，由于它们具有强大的独特性、DNA、内容和故事，因此比其他品牌更能够掌握品牌要素，并始终做到以品牌为中心。

第二部分：解码香格里拉酒店品牌

香格里拉酒店品牌由马来西亚华裔郭鹤年（Robert Kuok）于 1971 年在新加坡创立。

20 世纪 70 年代，豪华／高级酒店市场主要由希尔顿、万豪、喜来登等美国酒店品牌主导。随着亚洲经济迅速发展，郭鹤年立志要打造亚洲酒店业标杆，并将亚洲和中国的文化推广到全世界。

香格里拉酒店品牌的名称和标识非常有趣，香格里拉这个名字源于 1933 年詹姆斯·希尔顿的小说《失落的地平线》中一个虚构的地方，小说中描述香格里拉是昆仑山西端一个

① UGC，全称为 User Generated Content，即用户生成内容，也称为用户原创内容或用户贡献模式。
② KOL，关键意见领袖（Key Opinion Leader 的缩写），拥有更多、更准确的产品信息，且为相关群体所接受或信任，并对该群体的购买行为有较大影响力的人。

神秘而祥和的山谷，与西方世界相隔绝，意为尘世间的天堂。有人认为，香格里拉的故事源于藏传佛教中的神秘王国香巴拉（Shambhala），这是东方和西方探险家所共同寻求的人间净土。

该品牌的标识为 S 形，我认为它代表着雄伟的山脉映衬在亚洲宁静的湖泊中。这一构想非常聪明，因为名称和标识都传达了品牌的含义和故事，传达了亚洲文化中和谐、宁静和关爱的内涵。

没有人知道詹姆斯·希尔顿小说中描述的香格里拉到底在哪里，但可以肯定的是，香格里拉就位于西藏附近的云南省，可能是中甸县，它于 2001 年更名为香格里拉，我想此举是为了吸引游客，这也是香格里拉品牌在那里开设酒店的原因。

在故事讲述和内容创作方面，香格里拉酒店过去采用了不同的数字策略。我将重点介绍几年前在西藏拉萨香格里拉酒店开业时，令我印象最深的一项创新活动。

香格里拉酒店的广告代理公司奥美集团意识到，中国消费者不会仅仅因为香格里拉酒店而前往西藏，大多数人去西藏，是因为对藏传佛教文化的精神之旅感兴趣。因此，他们找到了一位主人公央金拉姆，策划并拍摄了七个专题视频，记叙了她前往香格里拉酒店和西藏的旅程。

人们认为，香格里拉的故事来源于古老神话中的王国香巴拉，奥美集团决定将此活动命名为"寻觅香巴拉"。

此次活动以微博的形式记录了央金拉姆的西藏朝圣之旅，参与者包括微博用户和拉姆的粉丝们，他们受邀在拉姆的微博下发帖写出自己的愿望。随后，拉姆将他们的心愿用藏语写在许愿旗上，许愿旗在纳木错（天湖）湖边随风飘扬。此活动随着央金拉姆走过的景点进行实时直播，持续发出旅途中的视频和照片，微博的浏览量超过 600 万次，视频的浏览量也超过17.5 万次。

5 年前，当我听说这项活动时深受触动，并告诉我的中国妻子说想去西藏。西藏一直是我的梦想，直到现在我还想寻找我心中的香巴拉。我们从北京到拉萨，沿着央金拉姆的路线参观了布达拉宫等寺庙，最后到达纳木错（天湖）。当然，我们住在香格里拉酒店。

强大的品牌不仅销售产品或服务，它们更具有社交目的，也可以定义为社交互动。

以西藏香格里拉酒店为例，该品牌与当地 KOL 一起促进了原创内容（UGC）的创建，使该内容更加真实并产生共鸣。数字形式具有高度的视觉和体验成分，具有影响力的现场视频和图像，以及围绕令人钦佩的目标建立社群的使命感，帮助人们找到属于他们自己的香巴拉，这意味着找到内心的宁静与和谐。

这是一个双向内容生态系统，围绕酒店品牌建立社群是一个很好的榜样。对品牌建设者和品牌所有者来说，这是一个重要的收获。如今的品牌不仅重视视觉代码、附加值、故事讲述和消费者知识，也越来越重视构建社群。

凯卓
Kenzo

2020 年 10 月 4 日，时 装 设 计 师 高 田 贤 三（Kenzo Takada）因新冠肺炎在巴黎去世。

由于一些私人原因，得知这一消息后我难以平静。1997 年，我担任法国鞋业集团 SAC 的 CEO 时，与高田贤三的 Kenzo 品牌签订了授权协议，成为他们的女鞋独家授权商。

我很高兴能与他合作开发制作 Kenzo 鞋。作为被许可人，我不得不在很短的时间内为他的 1998 年女装发布会制作秀场专用高跟鞋。在贵宾区观看走秀时，我担心某只高跟鞋的鞋跟会折断，不过，一切都很顺利，高田亲自感谢了我的贡献，留给我特别的回忆。

高田贤三是一位伟大的设计师，同时也是一位颇具个人魅力的人。他 1939 年出生于日本，从小就常看姐姐的时尚杂志而对时尚产生了兴趣。18 岁时遵照父母的意愿，进入神户大学学习文学。后来，感到学业枯燥的他，违背父母的意愿，转到东京文化服装学院学习。

1960 年，高田获得了享有盛誉的著名启蒙时装设计师大赛"Soen"奖，并开始在日本三爱百货公司担任女装设计师。

1964 年，他开始改变命运的大冒险。从未离开过日本的高田，购买了一张去法国的单程二等舱船票。这次旅行历时 6 周，途经中国香港地区、越南、新加坡、斯里兰卡、吉布提、埃及，最后到达法国的马赛和巴黎。后来回忆起这段经历时，高田贤三说，这段旅程让他相信"世界是美丽的"。

高田最初在巴黎过得并不好，以向时装公司出售设计草图为生。

1970 年，他在巴黎 Galerie Vivienne 开设了一家精品店，销售自己的作品，这时的他依然很穷。受到画家亨利•卢梭（Henri Rousseau）尤其是他的作品《梦》（*The Dream*）的启发，他自己动手，用丛林与花卉图案重新装饰精品店内饰。为了将丛林美学与他的家乡日本相结合，他将他的第一家商店和设计系列命名为"丛林中的日本"（Jungle Japan），后来将其更名为 Kenzo。

当时店内展示的是以和服为灵感的作品，摒弃了 20 世纪 60 年代占据主导地位的流线型太空装和修身西装，如库雷热（Courrèges）。

他摒弃了西方惯用的省道裁剪方式、接缝及系扣设计成衣的做法，引入东方传统的多层宽松纺锤版型。

很快，他成功地成为巴黎新晋炙手可热的新星设计师之一，并与卡尔·拉格斐（Karl Lagerfeld）、索尼娅·里基尔（Sonia Rykiel）、伊夫·圣·罗兰（Yves Saint Laurent）等成了好友。

高田的时装系列陆续于 1971 年在纽约和东京展出。次年，他获得日本时尚编辑俱乐部奖（Fashion Editor Club of Japan's Prize）。1976 年，高田在巴黎胜利广场开设了 Kenzo 旗舰店。

1978 年和 1979 年，高田在一个马戏团帐篷里举办了时装秀，并带来戏剧性的表演。时装秀结束时，女骑手们穿着透明的制服谢幕，他本人则骑着一头大象亮相。

高田贤三在 1983 年推出了第一个男装系列，随后是儿童服饰系列和 Kenzo 丛林系列。

1986 年 Kenzo 推出了男女牛仔裤系列，同年还推出了女士香水。Kenzo 的第一款男士香水名为"蓝色海洋"（Kenzo pour Homme）。"花样年华"（flower）女士香水曾被 *Vogue* 杂志评为最佳经典香水之一。

　　与此同时，Kenzo 与日俱增的成功，也引起了路威酩轩集团（LVMH）的注意，最终在 1993 年被该集团收购。此后几年，高田贤三继续担任该品牌的创意总监。

　　1999 年，他选择在职业生涯巅峰时期退休。当时，Kenzo 的时尚特色是融合民族风格的服饰，将东西方文化融为一体，打造出饱含多种文化底蕴的传统图案样式，深深吸引着时尚界的关注。

　　他的服饰自由、奔放、真实，色彩绚丽，材料丰富，大量使用红色罂粟等具有象征意义的花卉，营造出现代而浪漫、大胆而优雅、精致而多彩的品牌形象。

　　1999 年，高田贤三离开后，Kenzo 品牌一度有些沉寂。之后美国潮牌"开幕式"（Opening Ceremony）的两位创始人温贝托·梁和卡罗尔·李担任创意总监，Kenzo 重新焕发了活力。

高田贤三与他们私交甚好，在艺术上也十分赏识他们，他经常参加 Kenzo 的时装秀。

温贝托·梁和卡罗尔·李为品牌注入了年轻活力和趣味嬉皮的风格，比如他们创作的 Kenzo 老虎标识。在创新的基础上他们始终尊重和保留着品牌传统，例如重视印花，以及自品牌创立以来高田贤三设计中的生活感和旅行感。

温贝托·梁和卡罗尔·李通过联名的方式成功推广了 Kenzo 风格，比如 2015 年与依云（Evian）矿泉水推出联名款，与 H&M 推出联名设计款，与帕拉丁（Palladium）和范斯（Vans）进行联名设计等。

后来，菲利佩·奥利维拉·巴普蒂斯塔（Felipe Oliveira Baptista）接任 Kenzo 创意总监一职，高田逝世后，他在媒体上发表了名为《告别大师》的悼词，向高田贤三致敬。

高田在离开 Kenzo 之后开始了另一种生活，他通过绘画展示对艺术的热情。他还进行一些艺术合作，如 2014 年与品牌巴卡拉合作推出了围绕佛陀与基督的艺术作品。他还受邀为东京二期会（Tokyo Nikikai Opera Foundation）制作的歌剧《蝴蝶夫人》设计戏服。

高田贤三近年的作品包括他 79 岁那年与法国家居品牌罗奇堡（Roche Bobois）的合作设计，以及与美妆品牌雅芳（AVON）共同推出两款高级定制香水，香水瓶身上带有 KT 标签。

　　80 岁时，高田贤三宣布他将打造一个全新的生活方式品牌"K3"，该品牌在 2020 年 1 月开幕的巴黎国际时尚家居装饰设计展览会（MAISON & OBJET）上首次亮相。

　　他看上去仍然很年轻，而且精力充沛，如果不是因为患病去世，他仍会做出许多贡献，继续为时尚界提供灵感。

　　作为中西合璧的典范，高田贤三在日本仍然备受推崇，但他最终选择留在了巴黎，并于 2016 年 6 月被授予法国荣誉军团勋章。

　　Kenzo 品牌表示，高田贤三的乐观、对生活的热情和慷慨仍是品牌的精神支柱，支撑着 Kenzo 的运营，他将被深刻怀念和永远铭记。

　　法国高级定制时尚联合会的拉尔夫•托莱达诺说："高田贤三找到了东西方的交汇点，书写了新的时尚篇章。"

　　这可能是他对世界最有趣的贡献，他融合了日本、亚洲和法国文化，他创建了第一家也是唯一一家由亚洲人创立的巴黎时装屋，并在某种程度上也帮助其他日本设计师获得了欧洲时尚界的理解和认可，如山本耀司、川久保玲和渡边淳弥。

　　高田贤三先生让我们看到更加美丽的世界，他将被人们怀念。

哈雷·戴维森
Harley-Davidson

肥仔、铁头、街溜子、哈雷、Pan America……这些名词你是不是很熟悉？美国队长最喜欢的摩托车品牌是什么？那种轰鸣声你耳熟吗？

哈雷·戴维森是一个神奇的品牌，不管你骑不骑摩托车。

它到底是怎样成为一个文化感十足的品牌的？粉丝们到底喜欢它哪一点？如何重新定义品牌忠诚度？

1903 年，哈雷公司在美国密尔沃基成立，创始人是 William 和 Davidson 兄弟，公司就设在密歇根湖边上。不管年景怎么样，它活过了第一次世界大战，又特别艰难地活过了第二次世界大战。

1969 年，嬉皮兼硬汉题材电影《逍遥骑士》（*Easy Rider*）极大地影响了哈雷·戴维森和世界范围的摩托车车友们，这部反主流电影以皮特·方达（Peter Fonda）骑着哈雷摩托车（美国队长最爱的摩托车品牌）四处游荡为主线，反映了嬉皮士运动中的年轻人对社会的迷惘和紧张情绪，它激发了整整一代人的想象力。

120 年以来，这个品牌经历的失败比成功多得多，但总能重新活过来。品牌标识也从来没有改变过，和品牌风格一样自信又充满男权主义。如今的标识以明亮的橙色强调老品牌有新创意。

1903   1953   如今

哈雷·戴维森的品牌历史上，最艰难的是1981年，这一年，日本摩托车品牌雅马哈、本田、川崎用更具竞争力的价格和品质占了市场上风。

哈雷马上学习了日本品牌的品质管理方法和生产技术。但这还不够，哈雷必须尽快从营销角度加强和粉丝的联系，努力在艰难的几年里再活一次。

营销的第一步就是建立哈雷品牌社群。哈雷车主俱乐部于1983年成立，主席是创始人的孙子，他希望了解自己的客户，同时和他们保持长久的良好关系。最初，这个想法遭到了哈雷铁杆粉丝的批评，称其违背了品牌的叛逆性格，但是哈雷坚持了这个策略，随后某些地方粉丝分会也表示支持……哈雷，终于要开始"飞"啦！

分会是哈雷车主俱乐部中的小型地方组织，和经销商关系密切。如今，哈雷车主俱乐部已经在世界范围内拥有超过100万名会员。

在中国，哈雷车主俱乐部拥有26个分会，每两周组织一次活动。最近的活动是在内蒙古举办的ADV测试骑行，推介哈雷冒险车型"Pan America"。俱乐部还与明星和KOL合作，例如歌手杨坤、演员王俊凯和秦岚。

试驾、拉力赛、狂欢节……所有活动的核心是人和人的真实联结。品牌的目标是让尽可能多的人体验哈雷·戴维森：你不必非得拥有一台哈雷摩托车才能参加。

几年前，品牌意识到车主俱乐部需要让摩托车和粉丝皆与时俱进，以吸引更多的年轻人，品牌邀请骑手们测试电动车型，分享品牌理念，并且一再让粉丝坚信，哈雷始终是哈雷！

哈雷车主俱乐部发言人说：一个俱乐部和一个产品是非常相似的，它需要不断进化，也需要重新设计。哈雷车主俱乐部之所以成功也是因为它是品牌自己运营的。

另外一个成功因素是品牌运营：如何在保持"毫不妥协"的品牌精神的同时，扩大品牌用户基数。

哈雷是唯一一家敢于制造"又大又超级响"的摩托车制造商。品牌的精神核心就是自由，哈雷摩托车所表达的叛逆精神、不羁的摩托车手形象，都反映在品牌大胆的设计上——超大且厚重的车身，造型超级自信。

哈雷车手形象，直接联结着西方骑士电影，例如电影《终结者2：审判日》中惊险刺激的追逐场面，使大家对哈雷摩托车和那些满身纹身的黑帮人物、中年白人肌肉男产生联想。

品牌明白，青年人仅仅是一类客户，如果想吸引中产阶层消费者，必须柔化自己的锋芒。

虽然人们可能仍然会把哈雷摩托车与某种刻板印象联系在一起，但事实是，如今的哈雷拥抱所有渴望"在路上"寻求自由精神的人，包括年轻人、"婴儿潮"一代、女性……

品牌与客户的沟通无极限，甚至启发了他们的"Stereotypical Harley"（刻板的哈雷）活动。2015年，哈雷与大自然保护协会（The Nature Conservancy）合作，创建了"绿色骑行"（Renew the Ride）环境保护项目。

今天，每个哈雷骑手都能在品牌文化中找到归属感。

总之，哈雷·戴维森是一家知道自己是谁的公司，它保持自己作为一个叛逆品牌的定位，致力于寻找自由。同时，哈雷·戴维森成功地将摩托车品牌引申为一种以情感为中心的骑行生活方式。

当你购买了一辆哈雷·戴维森，你购买的不仅是一台摩托车，更是激情、自由、力量、个性化和勇气。哈雷成功地创造了一个强大的粉丝社区，却没有被它所限制，这就是哈雷·戴维森重新定义品牌忠诚度的理念。

Chapter 4

第四章

奢侈品牌延伸

luxury brand

extensions

引言

Introduction

　　一旦你拥有了一个强大的奢侈品牌，并定义了它的独特性、品牌DNA和视觉代码、故事讲述之后，你必须考虑如何发展业务，在不稀释品牌意义的情况下增加品牌的资产价值，这可以通过品牌延伸的艺术来实现。下面我们来区分两种类型的品牌延伸。

　　第一类品牌延伸被称为"垂直延伸"，其原则是管理垂直延伸品牌，这意味着试图以不同的价格区间接触不同的客户，但提供相同的品牌产品。一个很好的例子是：设计师时装品牌延伸到成衣领域，甚至可能延伸到一个更休闲的系列，有时称为副线系列。

　　但奢侈品牌对垂直品牌延伸非常谨慎，因为这样做可能会削弱奢侈品牌的地位、声望和独特性。例如，香奈儿、路易威登、爱马仕、迪奥、卡地亚、古驰实际上并不采用垂直延伸的模式。不过，对许多时尚品牌来说，为了提高品牌知名度和增加销售额，在品牌发展的早期阶段推出副线系列是必要的。20世纪80年代，伊夫·圣·罗兰、杜嘉班纳、华伦天奴、巴宝莉、高田贤三这些品牌已经进行了垂直延伸，以扩展其业务。例如，伊夫·圣·罗兰开创了一条成衣产品线"Yves Saint Laurent Rive Gauche"，以及一条副线"Yves Saint Laurent Variation"，当该品牌的规模和知名度不断扩大时，品牌方将这些不同的产品线重新组合成一个品牌"Saint Laurent Paris"，这便是一种品牌进化。就连以大胆的垂直延伸而闻名的乔治·阿玛尼最近也进行了品牌整合。

　　年轻设计师和小型时尚奢侈品牌在发展初期往往需要进行

垂直延伸，以创建可持续的业务。例如，中国设计师 Masha Ma 推出了名为"Ma by Ma Studio"的副线系列。

第二类品牌延伸被称为"横向延伸"，其目标是将产品转移到其他产品类别上，但在相同的产品价位、品牌定位和质量水准的基础上，扩大品牌意义，增加品牌业务。这些横向品牌延伸在奢侈品牌中非常受欢迎，因为这样能够在不削弱其排他性的情况下提高销售额和知名度。然而问题是，奢侈品牌能横向延伸多远？

我们通常要区分核心业务横向延伸和品牌核心业务之外的延伸。当然，核心业务的概念因每个产品部门而异。奢侈品牌的核心业务通常包括所有"个人设备类别"，即人们可以穿戴的所有东西。香奈儿和迪奥就是很好的例子，这两个奢侈品牌都是由时尚和成衣（以及高级定制）驱动的，但它们成功地将品牌延伸到了所有个人装备类别：皮具、鞋履、手表、珠宝、美容用品、眼镜等。

这种品牌延伸要容易得多，因为它们是由时尚和服装驱动的，时装设计师在客户眼中有更大的能力和合理性来创造一个完整的人物形象。对箱包或鞋履奢侈品牌来说，这更具挑战性，这就是为什么路易威登在 1997 年决定聘请服装设计师马克·雅各布斯（Marc Jacobs），并将路易威登推上时装 T 台的原因。路易威登在历史上一直是一个围绕皮包和行李箱经营的奢侈品牌，这让路易威登有了合理性，可以在其他领域扩大品牌影响力，如鞋履、手表、珠宝、美容用品、眼镜领域。

对以手表或珠宝驱动的奢侈品牌而言，这些横向延伸的风险更大，因为手表和珠宝最初与时尚没有联系。例如，宝格丽起初是一个珠宝品牌，它首先将产品延伸到了腕表市场，后来，为了扩大业务并达到临界规模，宝格丽冒着风险将产品延伸到美容甚至时尚配饰领域。

美容品牌在美容类别（香水、化妆品、护肤品）之外进行横向扩展的合理性较低，这就是为什么你不会看到兰蔻（Lancôme）或娇兰（Guerlain）在时装、腕表、珠宝甚至眼镜领域进行横向品牌延伸。然而，美容品牌可以将产品横向扩展到更具体验性的领域，比如豪华酒店的水疗中心和美容院。

对奢侈品牌来说，横向延伸到体验类产品的确是另一种可能性，体验类别包括酒店、餐厅、葡萄酒和烈酒、家具、房地产、汽车、游艇、喷气式飞机等。奢侈品牌越来越有兴趣将自己的存在扩展到这些体验类别上，这与奢侈品消费者对体验式奢侈品的兴趣不断增加相一致。然而，这类延伸并不总是合理的，而且品牌往往不具备成功进入这些市场范畴的经验和专业知识。通常，品牌会通过与属于这些体验范畴的另外的品牌合作，将部分产品延伸到这一范畴。一个很好的例子便是宝格丽，它与万豪酒店共同成立了一家合资企业，以便将宝格丽的业务扩展到酒店和住宅领域。香奈儿则通过与巴黎丽兹酒店的合作，在酒店中的美容院进行了非常有限的品牌扩展。香奈儿还与著名米其林星级厨师阿兰·杜卡斯（Alain Ducasse）合作，在东京银座香奈儿大厦内的由阿兰·杜卡斯经营的米其林星级餐厅进行品牌体验开发。

奢侈酒店品牌还需要拓展其品牌意义，并将宾客体验的范围扩展到客房、餐饮和宴会活动等传统活动之外。例如，著名奢侈酒店四季酒店（Four Seasons）如今正将业务横向扩展到健康领域，同时还包括房地产（四季住宅）、奢侈旅游和出行服务，如四季非凡旅行体验和私人飞机服务。

品牌延伸对许多奢侈品牌都至关重要，它们需要凭借品牌延伸来增加业务、提高知名度，同时也要与不断发展的消费文化保持关联，并满足奢侈品消费者对体验式奢侈品日益增长的消费期望。

Jimmy Choo 的传奇故事之二

在前面的章节，我们了解了 Jimmy Choo 品牌的文化基础、创始人的个性以及品牌如何在美国和英国获得初步认可；了解到电视剧《欲望都市》和奥斯卡颁奖典礼让品牌大放异彩；了解到品牌相继在伦敦、纽约、洛杉矶开设了门店。

现在，我们要探究的是 Jimmy Choo 的产品本身以及最初的品牌营销策略。

在最初的产品系列中，塔玛拉把精力都放在了高跟鞋上，给外界营造出 Jimmy Choo 只做细高跟鞋这一单品的错觉。在鞋类这样饱和的市场中创建新品牌，用一款明星单品打开市场，并以此建立品牌的初步识别系统，此举无疑是明智的。

Tod's 就是一个很好的例子，它最初也只设计了一款明星产品——Tod's 软底鞋，此款鞋的鞋底共有 133 个凸起的橡胶圆点。

不过，这两个案例也并不相同，Tod's 软底鞋相对是创新型产品，高跟鞋则几乎是一直存在的产品。

你能想象早在 17 世纪，法国凡尔赛宫的贵族男士们也经常穿高跟鞋吗？到了 18 世纪法国国王路易十五执政时期，高跟鞋风潮才开始在女性群体中流行起来，这也是高跟鞋被称为路易十五式鞋的原因。

所以，和 Jimmy Choo 一样，到了 20 世纪 90 年代，大多数奢侈鞋履品牌都把高跟鞋作为产品系列的重点，比如马诺洛·伯拉尼克（Manolo Blahnik）、克里斯汀·鲁布托（Christian Louboutin）、塞乔·罗西（Sergio Rossi）、赛诺第（Zanotti）等。

当你无法从时尚方面对产品进行创新时，你就需要在消费文化方面下功夫，围绕品牌、产品创造一个新的人物形象。

Jimmy choo 的产品所烘托的人物形象就是塔玛拉·梅隆本人——美丽、富有、成功、性感、强大，过着休闲奢华名媛生活的年轻女性。这与《欲望都市》中所表达的 20 世纪 90 年代崛起的美国女权主义非常契合。

你可以真切体会到这种人物形象的显露有时会以一种极端和挑衅的方式来确保它能引起人们的注意。品牌特性通过带有挑衅意味的广告，使得 Jimmy choo 与众不同，这就是品牌的 DNA。

我记得在 1999 年，很多朋友给他们的妻子购买了 Jimmy Choo 的鞋子，可能是被这个女性形象所吸引，他们希望自己的妻子也像塔玛拉一样性感、强势、成功。

另一个有趣的品牌理念是 Jimmy Choo 专做 10 厘米以上鞋跟的超高跟鞋，这在当时的媒体上引起很多讨论。有些人对医生说，Jimmy Choo 的高跟鞋对脊椎有很大危害，时尚达人则一笑置之，他们表示 Jimmy Choo 的鞋子并不是为了走路而设计的，而是让女人更加性感迷人，谁还在乎着它能不能走路呢？

这些争论增加了品牌曝光度，品牌也许从中获益，谁说得清呢？至少，人们开始谈论 Jimmy Choo，该品牌随即成为高跟鞋的象征。当然，这种说法可能跟现实有一定差距，但它确实引起了轰动。

这是奢侈品牌发展初期的另一个品牌原则：有时你要采取极端的态度，这可能会引起很大的争论，但也会造成轰动。不要去取悦所有人，只服务于少数人就够了。

奢侈品牌也需要创造梦想元素，对吧？ Jimmy Choo 在成为知名品牌之前，一直是周仰杰先生在伦敦的一个小作坊内亲手制作的高级定制鞋，只有如戴安娜王妃那样的贵族及精英们才能有机会定制，这就是品牌最初的梦想元素。虽然女士们购买的是成品鞋，但联想到的却是高级定制鞋和戴安娜王妃。

塔玛拉还利用自己的社交资源将年轻的 Jimmy Choo 品牌打入名媛圈。2000 年，她嫁给了富有的银行家后代马修·梅隆，并随夫改姓为塔玛拉·梅隆。对媒体来说，这场婚礼的确是一场盛宴，为塔玛拉和 Jimmy Choo 品牌增加了贵族名流元素。

传统贵族和新贵阶层都是 Jimmy Choo 的目标客户。伦敦和戴安娜王妃代表了 Jimmy Choo 品牌特性的一方面，即传统贵族和富有而尊贵的精英阶层。奥斯卡颁奖典礼和电视剧《欲望都市》则代表了更加亲民、时尚的新贵阶层，这也是塔玛拉本人的个性。所以，Jimmy Choo 的品牌 DNA 就是塔玛拉本人，尽管她不是设计师。

在品牌发展时期，你需要扩大产品线，但不要太早进行。直到 2001 年，Jimmy Choo 才扩大了产品范围，并逐步将品牌扩展到小皮具、包袋等品类。

为了成功实现从小众高跟鞋品牌到全球时尚品牌的转变，塔玛拉开始采用品牌合作的形式。2007—2008 年，他们推出了平底靴和平底鞋，并通过与 Hunter 和 Ugg 品牌的合作，在这一类别中获得了更多的关注，同时吸引了人们的注意力。

与 Hunter 的合作非常重要，因为 Hunter 是一个古老的英国贵族品牌，以橡胶靴和惠灵顿风格而闻名。名流贵族们会穿着它出席泥泞环境的活动和庆典，例如在英格兰萨默塞特举办的为期 5 天的格拉斯顿伯里露天音乐节，名模凯特·摩丝等名流在那里只穿 Hunter 橡胶靴。

Hunter & Jimmy Choo 的联名限量款靴子，比 Hunter 的惠灵顿雨靴更昂贵、更精致。Jimmy Choo 品牌证明了女性即使穿着平底橡胶靴依旧很性感迷人。

另一个品牌经验是，Jimmy Choo 不想成为纯粹的女鞋品牌，因为这可能会限制其业务的长期发展。

但是，奢侈品牌扩张的步伐不应太快。Jimmy Choo 在品牌创立十年之后才开始真正开启品牌扩张策略。从奢侈性感的鞋履品牌，扩展成一个囊括太阳镜、香水、限量服饰，以及男性奢侈品的时尚品牌。

与意大利霞飞诺眼镜集团合作推出太阳镜，与法国依特香水集团合作推出香水，这些合作采取的是授权许可的方式，这也是配饰产品经常采用的商业模式。

Jimmy Choo 的故事实在是太精彩了，在后面的章节，我将向大家讲述创始人之间的矛盾等，涉及的内容有：周仰杰先生为何在 2001 年退出 Jimmy Choo，他的侄女 Sandra Choi 发展如何，我的一位曾在法国 Essec 商学院任教的朋友罗伯特·本苏桑是如何成为品牌股东兼首席执行官的，罗伯特又是如何把品牌带到中国的，MK 集团收购 Jimmy Choo 背后的变局等。你还可以从中了解到其他秘密：创建奢侈时尚品牌应如何利用风险投资、私募股权投资、IPO，如何解决管理人员与设计师延续至今的分歧等。

汤丽·柏琦的故事

汤丽·柏琦是如何成功创建她的个人品牌，并成为一名亿万富翁的？让我们先来了解一下该品牌的发展历程。

纽约曼哈顿诺利塔街区内有一条很受欢迎的购物街——伊丽莎白街，2004年，38岁的汤丽·柏琦在这里开设了她的第一家精品店，店铺装潢采用了独特的汤丽·柏琦时尚风格。

店铺开业第一天，所有商品就都卖光了，总计超过15种产品，包括毛巾、手提包、束腰外衣等。请记住，汤丽·柏琦从问世之初就是一个生活方式品牌，这一点是非常重要的。

汤丽·柏琦深谙利用媒体优势之道，频繁的曝光率使她获得了巨大的成功。她的品牌很早就小有名气，但让她名声大振的则是著名脱口秀主持人奥普拉·温弗瑞（Oprah Winfrey）。

2005年，奥普拉邀请她参加脱口秀节目，并称她为"时尚界的下一个大人物"，之后她的事业就爆发了。一夜之间，汤丽·柏琦品牌的网页点击量达到800万次，销售额猛增。

2008年，美国时装设计师协会（CFDA）提名汤丽·柏琦为年度配饰设计师。

2009年，汤丽·柏琦在大热美剧《绯闻女孩》中亲自饰演本人，剧中的时髦演员也经常穿着她设计的服装出镜。同年，她对眼镜品牌陆逊梯卡（Luxottica）进行授权许可，合作推出一系列太阳镜和眼镜框，此后该合作不断续约。

这一年，她还成立了汤丽·柏琦基金会，这是一个非营利组织，致力于帮助女性企业家实现梦想，并倡导男女平等。汤丽·柏琦是真诚的，并不是要利用女权主义的潜在好处。基金会将设计师和品牌提升到了一个新的水准，它向2500多名女企业家提供了超过5000万美元的贷款。基金会每年都会发起全球性的

"拥抱野心"（Embrace Ambition）活动，以鼓励女性怀揣对事业的理想。汤丽•柏琦本人正在成为"S-hero"（"她"英雄）和女性力量的象征。

汤丽•柏琦作为一个生活方式品牌，在多个领域都取得了成功。

2011 年 9 月，汤丽•柏琦举办了第一场 T 台时装秀。之后，品牌在纽约时装周的每一季都有亮相。

2013 年秋天，汤丽•柏琦与雅诗兰黛合作推出联名款香水和护肤品系列。

2015 年 9 月，汤丽•柏琦推出 Tory Sport 运动系列，其中包括一款高性能运动服。"运动休闲"热潮始于 2007 年 Lululemon 品牌的首次公开募股。作为一名"终身运动员"，汤丽•柏琦却找不到她想要穿的衣服，她问自己，如何让运动装变得更女性化和时尚？

她通过自己最喜欢的 20 世纪 70 年代时尚风格，以及代表人物网球运动员克里斯•埃弗特（Chris Evert）的形象获得灵感，并在比约恩•博格（Björn Borg）的美学思想中找到了答案。她还说，她的运动系列服装的设计灵感来自著名电影《天才一族》（*The Royal Tenenbaums*），影片中导演韦斯•安德森重温了 20 世纪 60 年代和 70 年代的服装风格和流行歌曲。

如今，汤丽•柏琦在全球拥有 250 家门店，其中包括纽约、洛杉矶、伦敦、巴黎、罗马、东京、首尔的旗舰店。2014 年开业的上海店是目前该品牌规模最大的旗舰店。

让我们来解读汤丽•柏琦的成功因素，我认为她的成功包括以下三个主要因素：

第一，从品牌成立开始，她就创造了一种独特的审美观，并立即以现代波希米亚风格、易于穿着的学院派时尚风格而闻名。她的设计灵感来源于其父母、自己的旅行经历以及 20 世纪

60 年代和 70 年代的时尚风格。产品价格也是可以令大众接受的，这在当时是一种文化创新。

第二，汤丽·柏琦完美诠释了其品牌特性，人们可以感受到她的真实性和完整性，因为这些服饰看起来就像是她本人，完全反映了她的个性和生活方式。她是一个快乐和积极的人，她的品牌传达了这种快乐和积极。

第三，她的品牌具有强烈的视觉代码，比如她以摩洛哥建筑和室内设计师大卫·希克斯（David Hicks）为灵感设计的双 T 标志。丰富的印花、色彩、束腰外衣、Reva 芭蕾舞鞋等标志性产品，以及公寓式店铺的温暖氛围（橙色漆门、舒适沙发、枝形吊灯），也是由大卫·希克斯设计的。

正如我在奢侈品牌管理课程中经常讲的那样，奢侈品牌的文化基础对品牌的成功至关重要。就汤丽·柏琦品牌而言，创始人汤丽·柏琦的家庭背景、她母亲的品位和她的旅行经历构成了该品牌的文化基础。

她在一次采访中回忆道："我总是在晚上看着我的母亲 Reva 搭配衣服，她看起来非常时尚。我父亲也有他天生的时尚感，他穿的每件衣服都有令人难以置信的细节，比如他戴着爱马仕围巾穿着夹克衫，还有所有印有他姓名首字母的衬衫，他是我最大的灵感来源。"

在 21 世纪，打造强势的时尚品牌需要的不仅仅是好产品，"千禧一代"和"Z 世代"正在寻找与自我价值观一致的品牌，并希望了解品牌故事，他们需要知道自己的钱如何花在正确的地方。

今天，许多时尚品牌都在努力促进可持续性和其他积极的事业，而汤丽·柏琦从第一天起就走在了前面，并以高度的真实性和完整性做到了这一点。

汤丽·柏琦的故事为企业家们提供了一个成功的例子，尽管并非所有的企业家都会成为亿万富翁或推出一个具有国际知名度的品牌，但汤丽·柏琦的商业故事充满了企业家的经验教训，这些经历都可以为个人带来不同含义的职业领域的成功。

汤丽·柏琦没有压制自己的野心，她的乐观和活力得益于她积极的心态和勤奋、深入学习的职业态度，她教会我们要忠于自己和自我价值观。

对汤丽·柏琦来说，这也意味着忠诚和慷慨。她总是将可以帮助他人的事业放在首位，她的基金会赋予女性企业家力量。她告诉我们，那些花时间表达感激和回馈社会的企业家，无论他们最终取得了多大的成功，都能在生活中获得更多的平衡和满足。

汤丽·柏琦是忠诚对待朋友的典范，她与老朋友卡拉·罗斯（Kara Ross）合作推出了广受欢迎的"邪恶之眼"系列。汤丽·柏琦还向她的朋友推荐很多时尚配饰品牌，包括"Kara Wedge Pump"。

汤丽·柏琦的故事带给企业家的另一个经验是，价格能让消费者接受的重要性。

汤丽·柏琦会定期与她在社交媒体上的 220 万名粉丝互动，并发布该品牌最新的设计图和搭配照片。

汤丽·柏琦的商业故事是一个很好的例子，说明了坚持和拥抱自己独特优势的重要性。汤丽·柏琦是一位企业家，她的事业是她真实自我的延伸，这无疑是她成功的一大关键。请记住，汤丽·柏琦的风格至今仍在展现着创始人热爱运动、豪放不羁的校园时尚感。汤丽·柏琦从未忘记她来自哪里，就像爱马仕一样，她让我们想起了最重要的品牌课程：了解自己，做你自己，享受做自己的奢侈。

黎巴嫩设计师
Lebanese Designers

黎巴嫩设计师在时装界非常受欢迎，许多华丽的婚纱、礼服和明星着装都出自黎巴嫩设计师之手，他们的刺绣工艺更是世界闻名。

你肯定听说过艾莉·萨博（Elie Saab）、祖海·慕拉（Zuhair Murad）、托尼·瓦德（Tony Ward）、乔治斯·荷拜卡（Georges Hobeika）、赛义德·科贝西（Saiid Kobeisy）等品牌。我将为大家解读这些黎巴嫩设计师的秘密，来看看他们是如何取得如今的成就的。

我将重点介绍黎巴嫩设计师的文化渊源，因为他们并不仅仅是时装设计师。刺绣、缝纫和高级时装在黎巴嫩随处可见，几乎每个黎巴嫩家庭中都有一个懂得穿针引线、缝制衣服的人，其中许多人都是刺绣专家。

黎巴嫩人的审美和手工艺与奢侈品牌以及标志性的商业头脑是如何发展起来的？这个问题的答案在于黎巴嫩悠久的历史、大都会文化和美丽的自然环境。

黎巴嫩是世界上最古老的人口稠密地区之一，其文化传统起源于腓尼基文明。腓尼基文明地区由地中海沿岸的比布鲁斯、提尔和西顿等城市组成，覆盖了如今整个叙利亚、黎巴嫩和以色列北部地区。

腓尼基人乘坐自己制作的船舶在地中海航行穿梭，当时他们就已经精通木材、象牙和纺织品的开采和加工。

腓尼基人主要的自然资源是黎巴嫩的雪松和用于制造紫色染料的骨螺壳。腓尼基人制造的紫色染料染制了美索不达米亚、埃及乃至整个罗马帝国皇族的服饰。

腓尼基人的一项著名遗产便是他们的字母文字，后来经希腊人使用成为西方字母的来源。世界多种文化在这里碰撞交汇，腓力斯丁人、犹太人等都在腓尼基文明地区定居下来。

19世纪中后期，贝鲁特成了该地区最重要的港口，这主要是因为黎巴嫩山区成为出口欧洲的丝绸生产中心，丝绸业的发达使该地区富裕起来，但同时对欧洲的依赖也加强了。由于大部分丝绸都是运往法国马赛的，法国人开始对该地区产生重大影响。

第一次世界大战后，奥斯曼帝国垮台。1920年，国际联盟将黎巴嫩的五个省份交由法国直接管辖。同年，法国执行国际联盟授予的对叙利亚和黎巴嫩的托管权。1943年，黎巴嫩宣布独立，成立黎巴嫩共和国。

黎巴嫩拥有阿拉伯世界的文化特色，但是又与许多阿拉伯邻国存在差异。黎巴嫩之所以独特，是因为它是由不同的文明、文化和宗教塑造而成的，这一点在黎巴嫩多样性的宗教遗迹中得以体现。

由于黎巴嫩历史上频繁的冲突，这个国家也见证了多次移民浪潮，形成世界各地庞大的黎巴嫩侨民群体，如拉丁美洲、西非、澳大利亚、加拿大、中东地区以及欧洲，特别是法国都有大量的黎巴嫩移民。

因此，生活在黎巴嫩以外的国家和地区的黎巴嫩人口数量是黎巴嫩国内人口的2~3倍。尽管黎巴嫩本国目前面临着政治和经济困境，但黎巴嫩人在世界上仍是一股强大的商业力量。

黎巴嫩拥有中东地区独特的自然环境和气候，除了绵延的海岸线，黎巴嫩的山脉也与众不同，其峡谷深峻纵横，与地中海陡峭的海岸线平行上升。

黎巴嫩山脉最高处海拔达3088米，山脉中有16条季节性洪流和河流，其中大部分发源于黎巴嫩山脉，穿过陡峭的峡谷流入地中海。

黎巴嫩地处温和的地中海气候带。在沿海地区，冬天阴凉多雨，夏天炎热潮湿。在高地地区，冬季气温则会降至零度以下，大雪几乎覆盖了所有的山脉，直到初夏也不会融化，你甚至可以在黎巴嫩滑雪。

黎巴嫩国徽上的标识性图案是雪松。古时候，黎巴嫩被大片的雪松覆盖，植被多被毁坏，后来黎巴嫩制定了积极的保护计划，建立起雪松自然保护区。

综上所述，黎巴嫩的独特之处，以及黎巴嫩设计师的文化根基，大致可以总结为：

第一，丰富且多元的古老文化背景，西方主要文明和宗教都在黎巴嫩交汇融合。

第二，在美丽的自然环境的滋养下，黎巴嫩人始终对美和奢侈品有着独特的品位和理解。

第三，黎巴嫩人民在历史上经历了如此多的不幸，迫使他们培养出对商业和国际贸易的强大适应力和敏锐的洞察力。

黎巴嫩时装设计师在 20 世纪 90 年代成功崛起，他们的突出才能有哪些呢？他们是如何设计出让女人们梦寐以求的服饰的呢？

黎巴嫩的文化遗产可以追溯到古希腊、古罗马、奥斯曼帝国以及法国，黎巴嫩人的时尚品位和工艺深受这些国家的影响。黎巴嫩女性在家中缝制衣服的传统滋养了该国的刺绣文化和技艺发展。

黎巴嫩脱离法国独立后，由于其银行的保密性和被山脉包围的地理特征，黎巴嫩被称为"阿拉伯国家的瑞士"。首都贝鲁特也被称为"中东的巴黎"，因为它是时尚和文化的圣地，这一切曾经一度都发生在黎巴嫩，而不是今天的迪拜。

LIE SAAB

　　黎巴嫩著名时装设计师的故事始于 20 世纪 80 年代，"黎巴嫩时装之父"艾莉·萨博（Elie Saab）走进了人们的视线。1982 年，18 岁的萨博在贝鲁特开设了时装屋，他采用昂贵的面料、刺绣、蕾丝、珍珠、水晶和丝线制作婚纱，且大获成功。他是第一位加入意大利国家时装商会 (Camera Nazionale della Moda Italiana) 的外籍设计师，他还是第一位加入巴黎高级定制时装公会（La Chambre Syndicale de la Haute Couture）的黎巴嫩设计师。

　　他被称为"王后御用设计师"，约旦王后拉尼娅、瑞典公主维多利亚、希腊公主玛丽亚·奥林匹亚都是艾莉·萨博的高级客户。约旦王后拉尼娅在加冕典礼上身穿艾莉·萨博礼服，卢森堡的克莱尔公主在婚礼上穿着艾莉·萨博婚纱，法国第一夫人布丽吉特·马克龙在对中国进行国事访问期间，也穿着艾莉·萨博设计的外套和紧身长裤。

　　继艾莉·萨博之后，有 20 多位黎巴嫩时装设计师在国际上获得成功，如祖海·慕拉（Zuhair Murad）、乔治斯·荷拜卡（Georges Hobeika）、托尼·瓦德（Tony Ward）、拉比·基鲁兹（Rabih Keyrouz）、乔治斯·查卡拉（Georges Chakra）、齐亚德·纳卡德（Ziad Nakad）、阿拜德·马富兹（Abed Mahfouz）等。

　　还有 60 位黎巴嫩本土设计师，他们有些离开大牌时装屋创立了自己的工作室，有些是刚从设计专业毕业的新生力量。另外，还有大约 100 名可上门按需定制的裁缝。

　　黎巴嫩良好的时尚生态系统促成了设计师的成功。黎巴嫩有 200 余家纺织工厂和许多规模较小的作坊，以及独立的、未纳入官方统计的掌握针线和刺绣工艺的工匠。时装业可雇用的人力超过 15 000 名，这对黎巴嫩整个国家来说也是巨大的行业数字。

大多数黎巴嫩设计师经营着大型的时装工坊或工作室，如艾莉·萨博旗下有300名员工，祖海·慕拉旗下有200名员工。不过大部分品牌的雇员都少于100人。

时装发布会期间，他们依靠居家工作的熟练工匠，巧用业务外包的用工方式完成工作。贝鲁特时装领域有4位著名女性，纳瓦尔·哈耶克就是其中一位，她组织并联合了数百名刺绣女工为这些时装品牌工作。

对于高级定制时装，各品牌主要依靠在黎巴嫩工作的一批亚美尼亚工匠来制作，这些工匠专门从事各种配饰如耳环、胸针、皮带和定制鞋履的生产。

黎巴嫩还有4所时装学校，包括法国ESMOD国际服装设计学院贝鲁特分校、贝鲁特美国大学（AUB）、艾莉·萨博（Elie Saab）时装设计学院等。

制作服装的面料在当地生产，其他材料则依靠进口，各品牌还从奥地利施华洛世奇公司采购大量水晶石。

这些时装品牌的顾客是谁？优雅而品位精妙的黎巴嫩女性是这些晚礼服和婚纱的首批客户，陆续被吸引而来的则是海湾国家的贵族和公主们。黎巴嫩与沙特阿拉伯王室之间有一种难以解释但极其重要的联系，一些沙特王子选择与富有的黎巴嫩女性结婚，不仅是被她们美丽的容貌所吸引，也被她们的风尚和优雅所折服。

例如，黎巴嫩最富有的女性之一、沙特阿拉伯瓦利德王子的姨妈莱拉·索尔，年轻时曾穿过艾莉·萨博设计的裙子，这让黎巴嫩富人家庭中的女性争相效仿。

因此，富有的女性群体，特别是沙特阿拉伯、卡塔尔和科威特的女性们都成了艾莉·萨博（Elie Saab）和阿拜德·马富兹（Abed Mahfouz）等黎巴嫩时装品牌的忠实顾客，这些品牌的设计很符合她们精致的品位和对色彩的审美。

众所周知，一些阿拉伯国家的女性在公共场合必须穿着罩袍，但在上流社会的盛大活动和婚礼上，她们会穿华丽的礼服。

在中东地区，婚礼具有重要的社交意义，黎巴嫩设计师们非常聪明，他们把婚纱和礼服打造成了全世界的标尺。

另外，黎巴嫩人大都会说阿拉伯语，因此他们可以更好地与阿拉伯客户交流。与某些法国高级定制时装屋相比，这也是一个优势。

黎巴嫩设计师们凭借黎巴嫩侨胞和婚纱技艺的声誉，吸引着美国、英国、俄罗斯甚至中国的客户，他们的设计成为欧洲公主、女演员和名媛们的礼服之选。

他们是如何发展时装业务并取得成功的？

这些品牌的高级定制时装、成衣和婚纱都陈列在同一屋檐下，如托尼·瓦德（Tony Ward）在贝鲁特拥有一栋10层楼建筑，下面4层是品牌旗舰店，上面有3层为工作室，高级定制时装、成衣和婚纱相隔而立，这种布局设计非常方便，因为裁缝们可以很快到店里为客户测量尺寸。建筑顶层是托尼·瓦德的公寓，地下室则专门用于仓储和染色工作，效率非常高。

这些品牌还经常通过直接销售高级定制时装和婚纱来塑造品牌声望，凭借时装秀打开知名度、发布成衣系列，以降低包括婚纱在内的礼服的价格。品牌通常会在贝鲁特或中东地区开设一家或几家店面，通过批发和分销渠道在国际上出售成衣，如寻找零售商（像迪拜的哈维·尼克斯）或奢侈品牌集合店，甚至是分销商。

黎巴嫩设计师具有卓越的商业头脑，他们的定价很灵活。黎巴嫩劳动力价格低廉，随着货币的贬值更是如此。但是，尽管黎巴嫩品牌的高级定制礼服价格已经低于法国，但当预算紧张时，他们还是会灵活变通，与客户达成交易。如今，黎巴嫩时装品牌90%的产品用于出口，除艾莉·萨博（Elie Saab）之外都保留着家族企业的形式（艾莉·萨博拥有一些财务合作伙伴）。

总结黎巴嫩高级时装设计师的重要经验，有如下三点。

第一，他们明白要想在这个拥挤的时尚世界中获得认可，一开始就应准确定位出与某种消费文化相关的细分市场，并在这个细分市场上做到最好——黎巴嫩设计师利用婚纱和大量刺绣工艺实现了这一点。

第二，商业意识。当高级定制时装获得成功时，要在品牌声望高峰期快速发展成衣系列，以便建立可持续的业务体系，甚至推出香水和配饰等（例如艾莉·萨博与日本资生堂的许可合作）。

第三，"黎巴嫩设计师"已经发展成一个品牌标识。目前在黎巴嫩有多达 20 位著名设计师，黎巴嫩高级定制时装获得了国际时装界的普遍关注和广泛认可。

这些经验可以为中国的高级时装设计师提供很多灵感。

我的黎巴嫩籍学生玛丽亚·科沃兹曾对我说，黎巴嫩设计师们熟记在心的一件事就是：世界上每个女人都梦想有一天能够穿上美丽且闪亮的婚纱成为公主。这同样适用于中国女性，因为黎巴嫩设计师品牌已经在中国获得了成功，将来可能会更受欢迎。

保时捷
Porsche

如今在中国的街道上，我们可以看到很多豪华汽车品牌的入门级车款，对吗？这是一个重要的经济现象，也是奢侈品亲民化的结果。那么，如果你想购买一辆汽车，你会选择什么车型、什么品牌，为什么？

你应该问自己的第一个问题是汽车对你有多么重要？它是你需要的还是你想要的？

你听说过涨跌交易吗？你还记得马斯洛需求理论吗？中产阶级在满足了生理和安全需求后，开始在他们关心的事情上花钱，但他们花的钱仍然有限。"趋优消费"意味着在他们真正想要的产品上花更多的钱，而"趋低消费"意味着省钱，即在他们不太关心的产品上寻找便宜的替代品。

趋优／趋低消费现象对中国市场很重要，它可以使快速发展的中国汽车品牌受益，因为这些品牌拥有强大的技术和公平的价格。

所以，首先应该确定你想购买的汽车的价格是趋优还是趋低的，对吗？

就我个人而言，我不太喜欢汽车，所以我会倾向趋优价格，以便把更多的钱花在自己真正喜欢的东西上，比如旅行和豪华酒店。

我的孩子们甚至看不到汽车的效用，因为他们生活在大城市，如伦敦、柏林、上海、蒙特利尔，他们没有汽车，他们需要汽车时会租车，那样更实用。

在德国，许多人喜欢动力强劲的汽车，他们会被高价的豪华汽车品牌所吸引。在意大利，人们会很关心他们的社会形象，他们喜欢高价的名车。

第二个问题是哪个汽车品牌与你的个性有关。汽车品牌有一个独特的身份，称为品牌 DNA，消费者通过品牌 DNA 来建立自己的身份。因此，我鼓励你做出自己的选择，挑选一辆符合你真实个性的汽车，而不是听从其他人的建议和社会压力。

让我们以保时捷为例，当我 20 岁时，保时捷、法拉利、捷豹都是在欧洲备受推崇的奢侈汽车品牌，它们都非常独特，且销量有限。但是现在不一样了！

对行家来说，保时捷仍然是一个与发动机、赛车和动力相关的奢侈运动型汽车品牌，其标志性的 911 车型的轮廓和标志性流线自 1963 年以来几乎没有改变。为了扩大业务，保时捷更倾向推广主流的 SUV 车型，如"卡宴"（Cayenne）。

这样一来，保时捷在一些追求地位的人的眼中失去了些许排他性，但也让中产阶层消费者能够凭借其紧凑型 SUV 入门车型"麦肯"（Macan）入手该品牌。

就我个人而言，我不会买保时捷，因为我对跑车没有特别的兴趣，我不喜欢冒险，我更喜欢舒适和安全。即使我需要一辆 SUV，我还是不会考虑保时捷，因为它对我来说没有意义，即使保时捷 SUV 跟跑车相关，我可能会考虑奔驰或雷克萨斯。我不是一个地位追求者，我可能会选择法国品牌的 SUV，如标致（Peugeot），更物有所值。

在中国，保时捷在私营企业家中非常受欢迎，尤其是女性企业家。你知道为什么吗？它与品牌 DNA、个人形象有着深远的联系。

我的妻子是一位中国企业家，当她告诉我要在中国购买一辆保时捷 SUV 时，我支持她的选择。她需要一辆 SUV，她比我更喜欢冒险，她喜欢山区和沙漠。作为一名企业家，她还必须为自己的工作表现出一定的职场地位。

最后，她买了一辆保时捷麦肯（Macan），这对她来说是一个完美的选择：她真的很喜欢开车，对她来说，把大笔钱花在车上是有意义的，她的情况和我并不一样。

一个特别提示：当你要选择一个与你的个性相关的汽车品牌时，可以考虑两个要素：

第一是客户反馈。当你买车时，你希望向外界呈现你的哪种形象？保时捷的品牌 DNA 显然是一个豪华运动型汽车品牌，如果你买了保时捷，那么你一定希望展现出一定的社会地位，同时把自己描绘成一个很酷的人，喜欢运动型汽车，喜欢冒险。

第二是自我形象。这是你内心的镜子——你想成为什么样的人？如果你买了一辆保时捷，你可能想向自己证明你有实力购买这样一辆车。

所以，保时捷也是一面镜子，镜子会提问：你真的喜欢跑车吗？你真的很酷吗？当然，一个人可以尝试向外界和自己投射一个不同于真实人物的形象，但这并不酷。

Chapter 5

第五章

奢侈时尚品牌
和街头服饰

Luxury fashion brands

&

streetwear

引言
Introduction

说到奢侈品，你可能会想到高级定制时装和珠宝首饰、漂亮的鸡尾酒会礼服和晚礼服、男士优雅的权力套装（Power Suit）、女士高跟鞋和皮靴等。这是事实，但奢侈品牌需要跟上不断发展的消费文化，否则它们将成为老品牌，与消费趋势脱节，不再吸引年轻消费者。

晚年的可可·香奈儿女士，并不能完全理解新潮流和年轻女性对迷你裙、牛仔裤等的渴望。著名设计师卡尔·拉格菲尔德（Karl Lagerfeld）重新审视了香奈儿的所有准则，他完全尊重这些准则，但对它们进行了调整，令香奈儿20世纪80年代和90年代的时装风格变得更年轻，比如稍短的小黑裙和更性感的斜纹软呢夹克。

在过去的10年里，奢侈品牌见证了街头服饰潮流日益增强的文化相关性，它们意识到正装也不再那么畅销了，如果想要保持正装的吸引力，必须注入现代感和街头服饰元素，包括运动鞋在内。

当然，街头服饰品牌并不是奢侈品牌，尽管Supreme、Off-White等品牌已成为许多年轻人迷恋和彰显个性的品牌。因此，奢侈品牌应该小心，不要打开太多的潘多拉盒子，避免让街头品牌抢占奢侈品类别。

对奢侈品牌来说，问题不在于是否应该将街头服饰文化融入自己的系列中，而在于如何做到这一点，如聘请街头服饰设计师与街头服饰或运动鞋品牌合作推出限量版，或两者兼而有之。

这个问题主要与受时尚驱动的奢侈品牌有关，如香奈儿、迪奥、路易威登、古驰、普拉达等。至于爱马仕，尽管爱马仕主要经营服装和手袋类产品，但此品牌并不那么受时尚的驱动，这就是为什么你没有在市场上看到过爱马仕推出街头服饰的原因。

奢侈品牌需要在保持相关性的同时保护自己的独特性，这就是为什么它们中的大多数不能完全置身于街头服饰的影响之外，否则可能会同时面临销量和受欢迎程度的下降。奢侈品牌应该找到自己的方式，将街头服饰文化元素融入自己的产品系列中。

奢侈品牌既要坚守自己的品牌 DNA，又要与时俱进，才能在新兴的消费文化和年轻一代中保持影响力。让我们一起来看看奢侈品牌是如何在这两者之间找到平衡的。

街头服饰、奢侈品与中国
streetwear, luxury and China

街头服饰"入侵"奢侈品和时尚界，并在当今中国时尚领域占据了一席之地。人们关心它是如何围绕街头流行趋势、网络达人、娱乐和游戏文化进行独特表达的，以及随着球鞋文化的快速兴起，它如何成为中国时尚行业的一次巨大机遇。

我们先来定义一下街头服饰，街头服饰是以 25 岁以下年轻人为目标群体，兼具时尚、休闲和个性的服饰，最受欢迎的产品包括牛仔裤、棒球帽、连帽衫、运动裤、瑜伽裤、廓形球衣，当然还有明星产品——T 恤和球鞋。

街头服饰起源于 20 世纪 70 年代至 90 年代的反传统文化，包括纽约的滑板和嘻哈 / 说唱音乐、加利福尼亚的冲浪和涂鸦艺术、朋克音乐、新浪潮和重金属音乐，还有日本街头时尚。

许多冲浪者和滑冰者都采用 DIY 的方式来装饰服装，该潮流的先驱肖恩·斯图西（Shawn Stussy）20 世纪 80 年代开始在加利福尼亚销售酷炫的印花 T 恤，印花是他自己设计的冲浪板上的标志。通过这种方式，街头服装品牌也拥有了 T 恤产品和独一无二的标志，模仿出了高端奢侈品牌的限量感。

20 世纪 90 年代是街头服饰发展的重要时代，一度流行全球。1993 年，日本品牌 BAPE（猿人头）成立。1994 年，Supreme 在纽约开设了第一家店铺。

街头服饰的思想基础形成于 20 世纪 60 年代初期，当时，安迪·沃霍尔对当代艺术的构成提出质疑，接着，让·米切尔·巴斯奎特和凯斯·哈林等艺术家将这种思考扩展到了街头艺术领域，对传统观念中"谁可以接触艺术"和"艺术服务于谁"的观点发起挑战。

同样，嘻哈音乐和说唱音乐打破了传统规则，找到了非常规的艺术和音乐形式。

街头服饰时尚相当于艺术家的街头艺术，正如嘻哈歌手在歌词中唱的那样："选择任何一个地点留下自己的标记。"这令街头服饰具有传统时尚行业无法比拟的真实性，街头服饰不仅是一种时尚潮流，更是流行文化、艺术和音乐相结合的时尚表达。

现在，让我们来了解街头服饰是如何"入侵"时尚行业和奢侈品行业的。

奢侈品的时尚机制是自上而下的，新款和潮流掌握在内部人士手中。我经常这样解释，奢侈品一直维持着卖方市场的营销策略，奢侈品牌试图始终领先于潮流，并运用自己的标志和审美。

而街头服饰以更大众的模式颠覆了这个机制，在这里，趋势的制造者是普罗大众，他们的意见当然与传统的时尚品牌和奢侈品牌的准则有所不同。

专门研究当代时尚和街头服饰趋势，且已成为行业领先的线上平台"Hypebeast"称，消费者购买街头服饰是为了追求个性化和舒适度，该平台也提到了独特性、地位象征和归属感。

印花标志 T 恤最初只是一种商机，现在却已成为时尚奢侈品行业的一大盈利点。

街头服装逐渐聚集了不同的行业：从纯粹的街头服装品牌，到运动和运动服装品牌；从时尚奢侈品牌到高级时装，以及一些特定的运动类别，如篮球、棒球等。

我们至少可以区分出四类参与者：

首先是 Supreme、A BATHING APE、Stussy、Vans、PALACE 等原创街头服饰品牌，其产品价格合理、穿着舒适、风格鲜明。由于产量稀少且需求旺盛，这些品牌的产品通常能够以高价进行二手转卖。

其次是像 Off-White 和 Ambush 这样的奢侈街头服饰品牌，它们与奢侈时尚品牌之间的界线比较模糊，产品价格较高，与纯正的街头风格存在差异。

再次是耐克、匡威、阿迪达斯、锐步、彪马、斐乐等运动服饰品牌，它们的运动服装和运动鞋同样具有街头服饰的风格，这些品牌的鞋子属于街头服饰中的一类。

最后是数量最多的一类品牌，从大众时装到奢侈品牌，甚至到名人品牌，都涉足了街头服饰的趋势和款式，但其品牌起源与街头服饰运动并没有真正的联系。

大多数奢侈品牌都与街头服饰品牌进行了联名合作：路易威登和 Supreme 合作，并聘用维吉尔·阿布洛担任男装总监；古驰和 Dapper Dan、Comme des Garcons 和 Bape、Burberry 和 Gosha Rubchinskiy 等。还有运动鞋领域的胶囊系列联名合作，如 Balenciaga 和耐克、Stella McCartney 和阿迪达斯、Fendi 和斐乐、迪奥和 Stussy。

几乎没有奢侈品牌会拒绝街头服饰，因为奢侈品牌希望吸引年轻消费者，而联名的方式会使奢侈品牌在"Z 世代"眼中显得更加有个性。你认为呢？很有趣吧！另外，不要忘了，现在已经不太流行正装了，有谁还穿着传统的西装打着领带呢？当然我喜爱穿西装打领带，因为我是个"老顽固"！

我们来看看中国的情况，西方街头服饰文化多年前就已传入中国，但直到三年前，它仍然是一种地下文化，只有少数人对它感兴趣。

近年来，综艺真人秀《中国有嘻哈》《这！就是灌篮》《这！就是街舞》的火爆掀起了街头服饰热潮。如今，街头服饰是中国年轻消费者展示个性的一种方式，可以更深刻、更微妙地表达自我，同时，篮球、滑板等街头运动也越来越受欢迎。

在西方，男性主导着街头服饰时尚，掌控着品牌风格和潮流趋势，重点展现男性魅力。在中国，男女形象则更加平衡，对中国来说，这可能是一个区别于西方街头服饰亚文化的发展机会。

中国街头文化的兴起，对中国的时尚品牌来说是一个机遇，因为中国街头服饰文化正在逐渐形成自己的生态系统。

首先，李宁和安踏等中国运动品牌崛起，并对其他品牌进行了收购，如对威尔逊、斐乐、始祖鸟等品牌的收购。

其次，诸多潮流文化传播平台应势而起，比如 Yoho 潮流文化平台与 *Daze* 杂志合作推出的 Yoho girl 潮流时尚资讯平台，该平台不仅推广 Stussy、Undercover 等西方街头服饰品牌，也推广国产新晋品牌。另外，诸如天猫商城携手纽约时装周打造"天猫中国日"（Tmall China Day），京东网上商城远赴伦敦时装周举办"京·制"时装秀等一系列时尚活动，不断为中国新兴街头服饰品牌助力。

知名球鞋展会如 Sneaker Con 球鞋潮流展以及 INNERSECT 国际潮流文化展每年都会在上海举办球鞋聚会，许多中外球鞋品牌亮相，吸引着广大年轻消费者，潮人聚集。

受街头文化影响的一些年轻的中国设计师，借力在网络上孵化社区，例如在上海蕾虎（Labelhood）时尚体验社区或杭州阿里巴巴淘宝造物节上展露拳脚。

最近有两名中国设计师与运动品牌进行了合作：Masha Ma（马玛莎）与体育用品公司可隆/安踏合作，Angel Chen（陈安琪）与蕾虎社区及阿迪达斯推出合作款联名球鞋。

明星达人对中国街头服饰的发展也起到了推动作用，比如中国嘻哈说唱女歌手 VAVA，她以四川话说唱音乐而出名。

一些中国街头服饰品牌已经得到行业认可，比如 FMACM 最近与 Vans 进行了联名合作，FLOAT、MYGE、NIC、

Roaringwild 等品牌也发展势头良好。街头服饰品牌 CLOT 的联合创始人陈冠希曾说，"我认为街头服饰是中国的下一个时尚热潮。"

时尚和奢侈品牌想要进行文化创新，或至少保持与时俱进，了解文化趋势至关重要。当今时代的文化趋势，比以往更加分散、多变，一个利基市场很快就会转变为寿命较短的大众市场。因此，当代潮流文化不仅仅只有流行的街头服饰文化，而是充满越来越多且零散的亚文化时尚，并在不断成长和交替，这种亚文化时尚以及中国市场的迅速发展，将会为中国街头服饰品牌带来机遇。

千禧一代和 Z 世代是中国奢侈品牌不可或缺的未来。当然，西方奢侈品牌很聪明，它们赢得了许多中国年轻消费者的青睐。

街头服饰文化是时尚、音乐、艺术等不同行业之间的跨界先驱，时尚总是以文化为基础。有很多年轻人特别是中国的 Z 世代，愿意购买中国本土街头服饰品牌，只要品牌能了解年轻消费者对他们加入个性化社群的渴望，以及他们所崇尚的真实和独特的价值观。

盟可睞
Moncler

2020 年，意大利奢侈品集团 Moncler SpA 宣布正式收购品牌石头岛（Stone Island），此次收购表明，奢侈品行业显然关注着街头服饰、科技服装和运动服装的动态。

在过去的 20 年中，盟可睞（Moncler）逐渐发展成领先的奢侈时尚品牌，它来自法国，植根于专业户外运动装备领域。1952 年，品牌最初推出的产品是绗缝睡袋、内衬连帽披风、帐篷和高度防护羽绒服，该品牌后来成为山地探险队的装备供应商，如意大利国家探险队和包括阿拉斯加探险队在内的多个探险队。1968 年，它成为法国格勒诺布尔冬奥会法国滑雪队的官方运动服供应商，可见此品牌与高性能的冬季运动密切相关。

2017 年，盟可睞的两大服装系列 Moncler Gamme Rouge、Moncler Gamme Bleu，以及 Moncler 和创立 Off-white 品牌的 Virgil Abloh 等原创设计师的合作系列取得了巨大成功。随后又推出了著名的 Moncler Genious 合作项目，在全球范围内广泛开展与设计师以及艺术家们的合作。

盟可睞以 11.6 亿欧元收购了竞争对手石头岛（Stone Island），盟可睞董事长兼首席执行官 Remo Ruffini 表示："我们不仅在意大利，更在全世界面临挑战的时刻。"

石头岛 1983 年由意大利纺织企业家 Carlo Rivetti 和平面设计师、服装工程师 Massimo Osti 创建，并由 Carlo 管理。此品牌模糊了技术服装、街头服装和时尚之间的界限，是利用意大利时尚供应链设计生产高端休闲服和其他服装的先行者，其灵感来源于技术和军事服装。

近年来，休闲服饰和奢华街头服饰的兴起，激发了人们对该品牌帽子、运动裤，以及印有十分魔性的罗盘袖标大衣的兴趣。

截至 2020 年 10 月，12 个月内石头岛的销售额增长了 1%，达到 2.4 亿欧元，税息折旧及摊销前利润（EBITDA）增长 28%。

这个以约瑟夫·康拉德（Joseph Conrad）小说中最常见的两个词命名的意大利运动服装品牌，似乎并不是英国足球球迷最可能的服装选择。

石头岛在生产了 30 多年具有高科技含量的男式外套后，却因其厚重的、类似防水油布的功能性面料，以及密集的研发过程，而变得不那么受大众喜爱。相反，自 20 世纪 90 年代以来，石头岛的罗盘袖标却一直被大众所熟知，长期作为足球流氓的打架制服。

如今，得益于 2014 年以来与品牌 Supreme 的一系列合作，石头岛已经成功地将知名度扩展到了美国市场，并顺利虏获了说唱歌手 Drake、A$AP Nast 和 Travis Scott 的粉丝们，后两位歌手的粉丝们竟夸张到对谁是东海岸最先穿上石头岛的偶像而展开争论。

那么，石头岛将如何平衡它的创新形象，以及如何面对欧洲球迷的帮派崇拜现象呢？

在美国，负责执行石头岛品牌战略的品牌顾问 Gavin Francis Thomas 表示："石头岛从来不需要重新打造品牌，因为每个人都知道它是什么，它不允许自己被束缚。"

石头岛夹克的袖子上有明显的黑色、绿色、黄色罗盘袖标，第一次出现在 20 世纪 80 年代，90 年代时在具有时尚意识的米兰年轻人中较为流行。这种着装风格因爱好者常常在三明治店闲逛而被称为"Paninaro"（三明治）风格，并逐渐与意大利狂热的足球球迷联系在一起。

这是一个神奇的文化现象，石头岛逐渐发展成足球休闲装（Football Casual）乃至足球流氓（Football Hooliganism）群体不可磨灭的重要印记。

英国各足球俱乐部的球迷会跟随各自所支持的球队出征欧洲比赛，然后穿着在英国没有的服装品牌（包括石头岛）回家。石头岛品牌在被英国流行偶像、绿洲乐队（Oasis）前主唱利亚姆·加拉格（Liam Gallagher）推崇之后，迅速受到"90 后"年轻人的喜爱。

多年来，足球流氓们对该品牌的痴迷让石头岛不断受到负面新闻的影响。2018 年有报道称，有酒吧和俱乐部禁止任何人穿戴该品牌服饰进入。许多人认为，暴力行为与着装规范有着某种联系。

但石头岛并没有像巴宝莉（Burberry）在 21 世纪初那样陷入令人不快的文化联想陷阱之中，当时巴宝莉标志性的格子图案，使其陷入了"Chav 文化"的泥潭中。

2018 年，由总裁兼创意总监 Carlo Rivetti 领导，由设计师团队而非明星推动的石头岛，营业额增长了 30%，达到 1.92 亿欧元，利润达到 5700 万欧元，比上一年增长 51%，数据来自《时装商业评论》（*The Business of Feshion*, 简称 *BoF*）。

英国零售数据和分析公司 Edited Retail 也证实，石头岛外套的线上折扣率仍在 30% 以下，大部分产品早在进入折扣季之前就已经售罄。"这是一项巨大的成就"，Edited Retail 公司的分析师 Tara Drury 说，"在美国，该品牌外衣的售价高达 2620 美元，在英国则高达 1895 英镑。"

英国主营男士奢侈品的知名电商平台 MR PORTER 自 2013 年以来一直在销售石头岛产品，其销售业绩也证明了该品牌的成功。根据资深买家 Simon Spiteri 的说法，石头岛如今是该网站销量排名第二的休闲服装品牌，10 月份推出的包括外套、针织衫和裤子在内的九件式独家合作款，有很多款式已经销售一空。

石头岛与 MR PORTER 平台的合作，使其瞄准了富裕阶层的消费者。名人的支持以及与 Supreme 品牌的合作，引发了它对千禧一代和 Z 世代的触点。"该品牌一直努力吸引更广泛的受众，中古款收藏品能唤起消费者对怀旧的痴迷。"Drury 说。

当然，尽管石头岛忠实于其研发、科技感和功能性的核心价值观，但 Drury 将品牌近年来的成功归因于"聪明的营销"。

"石头岛不允许自己被束缚"，她补充道，石头岛选择举办广告活动和季节性发布，以取代喧闹的 T 台秀或时装周发布会，品牌不仅瞄准了北美市场，还瞄准了一批不在意该品牌与负面影响联系的全新受众。

这有助石头岛成为全球热门的时尚品牌之一。它曾在伦敦时尚指数网站 The Lyst Index 发布的最热门品牌指数榜上排名第 11 位，其经典的罗盘袖标运动衫在 2019 年第三季度最热门产品排行榜上排名第六，它也是 The Lyst Index 品牌指数榜上唯一的男装品牌。据 The Lyst Index 的一位发言人说，"该品牌在社交媒体上产生的轰动比其他一些热门品牌要少，但它是男装领域一股强大的力量，一直受到消费者的欢迎。"

同时，那些曾与该品牌合作或撰写过相关文章的人，也会对其真实性大加赞赏。Thomas 说："我认为这个品牌是始终如一的，它的标识是坚定不移的。对品牌应该如何赋予产品生命，从来都不是规定性的。"

时尚论坛 StyleZeitgeist 的编辑 Eugene Rabkin 在 2006-2007 年一直关注石头岛，他被该品牌在时尚、性能和街头服饰方面的"独特混合"特性所吸引。随着他对时尚和街头服饰的领悟，他越来越被该品牌所吸引，"我越是看到迪奥和路易威登的标志连帽衫，我就越喜欢石头岛，因为那里有更多的设计。"

通过对品牌营销的观察可以看出，石头岛的成功介于精明的营销和品牌历史之间。石头岛仍然是一家私有制家族公司，少数股权由 Temasek Holdings 控股公司持有，这一事实在很大程度上帮助了这一战略的实施，因为 Temasek Holdings 控股公司一直以一种独特的愿景进行品牌运作。

石头岛在社交媒体领域的表达展现了该品牌对自身叙事的坚持。石头岛的广告看上去平淡无奇，在纯色背景下拍摄，而视频则在黑暗的工作室中拍摄。

它的广告以一系列男性模特为主角，大部分模特来自多种族，主要都是有方形下巴的年轻人。模特们除了肢体语言有细微差别外，顶多是头向下倾斜，或将手放在口袋里，几乎没有什么可以从视觉上解读的。

石头岛的世界是封闭的，避开了典型的城市背景，取而代之的是没有社会意义或文化意义的空白画布。

"石头岛不需要涂鸦砖墙"，Rabkin 说，"对石头岛来说，这是产品的前沿和中心，这就是为什么在广告中你并没看到什么改变"。虽然大多数品牌都依赖于橱窗装饰或讲故事，但对石头岛来说，夹克才是主角。

"石头岛一直在谈论产品"，Thomas 说，"这是品牌最擅长的"。这种对产品设计的强调，在营销文案中得到了回应，其官方网站上的 200 字标题，包含深入的产品技术描述，几乎总是以"Garment Dyed"（成衣染色）或"NylonMetal"（金属尼龙面料）等标签为特色。

同样值得注意的是，尽管石头岛与狂热的粉丝、说唱歌手 Drake 建立了合作关系——据 Rabkin 说，最开始是这位说唱歌手主动接近石头岛，而不是石头岛追求 Drake。在石头岛的社交媒体的页面上，并没有出现 Drake 身着石头岛夹克的画面。

"这是一个神奇的现象"，Rabkin 说，"基本上同一件石头岛夹克在世界不同的地区有着完全不同的意义"。在大西洋彼岸，一个远离足球和阶级意义的世界，"石头岛成了人们渴望的对象"。

工装
Workwear

很多人都喜欢穿工装裤，因为它很时髦，用中文来说就是很飒、很酷。它代表了时尚界中除了日本街头时尚、街头服装以及奢侈品之外的另一大潮流趋势。

我喜欢工装，比如近年出现的一些款式都很有趣：灰白色运动鞋；日本男装品牌 CarService 模仿传统汽车机修工服而设计的系列；战靴和日本品牌 WTAPS 的军装夹克；印尼时尚品牌 Elhaus 的军装和以运动服为灵感的单品；美国品牌 Carhartt 运动服胶囊系列；挪威品牌 HELLY HANSEN 以运动服为灵感的胶囊系列。

工装是如何成为一种时尚的呢？

最初，工装是指为从事体力劳动和在极端户外环境下工作的专业人士设计和制造的实用性服装和鞋子，这些人士通常是：农民、牛仔、矿工、建筑工人、卡车司机、制造工人、清洁工，还有军人、骑兵、飞行员、消防队员、自行车手、登山运动员等。他们需要配备坚固耐用的装备，这些装备须具备抗冲击性、高度防护性、实用性、耐久性和安全性，这些方便的装备使他们能够安全地处理手作和户外活动。

自 19 世纪以来，尤其在美国，服装和鞋履品牌最初是围绕工作服这一概念发展起来的，在对这些工作服进行调整，成为适合普通人的着装系列后，逐渐成了主流。通过这种方式，工装逐渐成为一种独立风格、一种美学，逐渐脱离了最初的实用功能。

当消费者穿上这些结实的军靴、粗犷的长裤、防风雨的军用风衣时，他们的感觉如何？他们是否感到坚强、冷静，是否表达出某种真实性、个性或叛逆？

就是这样！这些坚固的、具有高度防护功能和耐用的工装最初在年轻人和时髦人士中受到欢迎，随后成为主流服饰，并掀起时尚潮流，这就是工装的迷人之处。

打工人很酷，对不对？到底什么样的衣服是工装呢？

工装包括牛仔裤、斜纹棉布裤、牛仔衬衫、粗斜纹棉布外衣或夹克等，如胸部带有口袋的羊毛外衣、军用风衣、伐木工人法兰绒外套，以及战靴、橡胶靴、安全靴等，还有拉链式连体衣，最初是在20世纪70年代的纽约为肉类包装工人设计的。大多数工装款式都采用了柔和的颜色或泥土色调，黑色、白色、海军蓝、橄榄绿、沙土色，以及各种深浅的灰色，均是主色调。

工装与街头服饰有很多相似之处，一些人甚至将工装视为街头服饰的一个类别。但与街头服饰潮流这一明显的文化现象不同，工装更像是一种主流美学，一种影响各种服装和鞋履品牌的风格。

如今我们看到的更多是工装品牌和街头服饰品牌的合作设计，例如"Carhartt WIP x Converse Renew Chuck 70"联名合作款。

工装一直是许多传统工服品牌的设计来源，如Levi's、Lee、Wrangler、Jeans品牌旗下的Ben Davis，以及日本品牌orSlow等。日本有专门的人士负责重新发行美国制造的旧牛仔裤和军用服装，如品牌Timberland的防水靴和工装系列"Timberland PRO"。而Patagonia或The North Face等品牌的传统户外外套，也属于工装的一部分。

我发现了一个有趣的品牌Carhartt。Carhartt是Hamilton Carhartt于1889年在底特律创立的美国本土工装品牌。它为铁路工人生产了第一套牛仔工作服，并在20世纪初迅速发展，在美国和加拿大建立了17家工厂，在欧洲建立了3家工厂。

1990 年代，Carhartt 在嘻哈音乐界大受欢迎。最近，Carhartt
旗下副线品牌 Carhartt WIP 开始改进这些经典产品，同时保持
对品牌起源的忠实，曾推出"Carhartt WIP x Converse Renew
Chuck 70"联名合作款，还推出了与 A.P.C.BAPE 和 Junya
Watanabe 等品牌的合作设计款。

另一个例子是美国品牌 Dickies，它也被称为 Williamson
Dickie 公司，成立于 1922 年，在 20 世纪 50 年代美国石油工
业繁荣时期为石油工人生产制服等服装。最近，此品牌的"874"
工装裤使其成为一个街头服饰 / 工装时尚品牌，这是一款样式
简单的斜纹棉布直腿裤，由坚韧抗皱的聚棉斜纹布制成，并且
有多种色调，冬天时可与一双结实的红翼靴搭配。Dickies 最近
与街头服饰品牌 This Neverthat 展开了合作。

像 Carhartt 和 Dickies 这样的品牌，已经超越了其纯粹的
工装属性，将实用、耐用和外观融合，可以在任何场合穿着。

在工装领域，日本品牌也很强大。日本两大殿堂级潮流品
牌 NEIGHBORHOOD 与 WTAPS 联名推出的功能性服装，传达
了自行车手的工作服风格，同时与日本原宿街头时尚文化以及
日本另一个街头潮流品牌 VisVim 联系在一起。

鞋是工装中的一个重要类别，知名品牌有马汀博士（Dr.
Martens）和 Caterpillar。马汀博士（Dr. Martens）的名字源
于一位德国医生，他在军队服役期间在德国巴伐利亚州阿尔卑
斯山滑雪时脚踝受伤，他发现所穿的军用靴子对自己受伤的脚
来说太不舒服了，于是便对靴子进行重新设计和改进，用软皮
革和轮胎制成气垫鞋底，后来，他直接采用德国空军机场废弃
的橡胶来制作。

舒适的鞋底深受家庭主妇的喜爱，当时，以结实耐用的工
作靴而闻名的英国制鞋企业 R.Griggs Group Ltd 购买了在英国
制造这种鞋的专利权，并添加了带有黄色缝线的商标。

这种靴子最初在邮递员、警察和工人中颇受欢迎。20世纪60年代后期，伦敦的"光头党"开始穿靴子；70年代，在滑板青年、朋克乐手、新浪潮音乐家和其他亚文化青年中，也开始流行穿靴子，之后，靴子成为年轻人表达自我的象征；80年代，它成为女孩们的一种穿着趋势，女孩们在靴子上增加了花卉元素，当时，时尚品牌、街头服饰甚至奢侈品牌都采用了马汀博士（Dr. Martens）的设计风格。

另一个很好的例子是美国著名工程机械和矿山设备生产公司卡特彼勒公司（Caterpillar，简称CAT）创立了鞋品牌CAT，该品牌设计出了深受年轻人欢迎的结实的靴子。

有时，某些正宗的工装品牌也会发展成生活时尚品牌，如哈雷·戴维森，其摩托车马靴和带有坚固橡胶底的休闲鞋的设计灵感就来源于哈雷·戴维森摩托车。

工装对年轻人来说代表了一种时尚态度（脚踏实地），它表达了一种坚定、真诚、可靠和负责的态度，比如哔哩哔哩网站所代表的人群，他们都能从这种可以给他们带来幸福和成功的喜悦感中得到启发。

工装最初是用于体力工作的重型衣服，考虑到这一点，工装的特点是使用耐用的织物，可以长期承受日常磨损，同时仍然能保持其质量和形状，专为耐穿而设计。随着时间的推移，通常会演变为更符合个人风格，同时反映目标用户生活方式的服装类别。

工装所代表的价值观与年轻客户的价值观及可持续性价值观一致，它涉猎的是有目的性的专业服装，以及为从事劳作活动的人设计的服装，因其织物和结构具有耐用性，因此可持久、长期地穿着，可以在二手市场中销售，并与循环经济相连接。

藤原浩
Fujiwara

经常有人问我日本文化对时尚、街头服饰和奢侈品的影响，我想藤原浩的故事可以解答这个问题。

藤原浩既是日本街头服饰设计师、音乐家、DJ，又是一位街头服饰先锋人物，他开创了"合作"的概念，也开创了快闪式商店（pop-up stores）的营销模式。他以时尚品牌Fragment Design的创始人而闻名，该品牌与路易威登、盟可睐、耐克等进行了出色的合作，但他的影响力远不止这些。

如果说街头服饰是关于酷的表达，我相信藤原浩不仅是街头服饰的教父，也是我能想到的最酷的艺术家。我很佩服他，我希望自己能像他一样酷。

让我们先来看看他生命中的一些关键时刻。

1964年，藤原浩出生于日本伊势志摩国家公园所在的一个小城市，这里是日本人心中非常神圣的地方。20世纪80年代初，藤原浩搬到东京，很快便成为原宿街头新出现的引人注目的人物之一。

音乐于他是第一位的，藤原浩痴迷朋克摇滚乐。1981年他17岁时去了伦敦，见到了Sex pistols（性手枪）乐队的经理马尔科姆·迈凯伦（Malcolm McLaren），马尔科姆发现藤原浩对音乐如此痴迷便告诉他如果他真的想变得酷的话，就去纽约学习嘻哈音乐。

藤原浩照着马尔科姆说的去做了，并跟随美国DJ、嘻哈歌手Afrika Bambaataa学习DJ。他还结识了波普艺术之王安迪·沃霍尔，并与肖恩·斯图西（Shawn Stussy）交上了朋友。

1983年藤原浩回到日本，他将嘻哈音乐带回了东京，并成为一名DJ，凭借嘻哈音乐在日本获得成功。他还创作音乐，并成为一名熟练的混音师，同时为 *Brutus* 和 *Popeye* 等时尚杂志撰写专栏文章。

街头服饰在嘻哈音乐之后应运而生，如果你知道东京的原宿，你可能知道藤原浩也被称为"东京原宿街头服饰教父"。

1990年，藤原浩与 Nakamura 共同推出了日本第一个街头服饰品牌 Goodenough。1993年，他在原宿一个安静的、非商业性的名为 Ura Harajuku 的街区开设了两家创新概念店"Ready Made"，只销售与潮流设计师长尾智明（Nigo）和 Jun Takahashi 的合作产品。

受到多次纽约之行的启发，Goodenough 品牌的服饰融合了藤原浩所热爱的一切：嘻哈、朋克、滑冰以及介于三者之间的一切。

随着 Goodenough 品牌开始走红，藤原浩成为一代日本年轻艺术家的灵感来源，他们被藤原浩和原宿吸引着。

藤原浩后来又推出了品牌 A Bathing Ape。另外，服饰设计师泷泽直己（Naoki Takizawa）与设计师西山彻（Tetsu Nishiyama）一起推出了品牌 NEIGHBORHOOD。之后，西山彻创建了街头服饰品牌 WTAPS。1995年，岩永光（Hikaru Iwanaga）创建了 Bounty Hunter。

出售了 Bape 品牌后，长尾智明（Nigo）在2010年推出了品牌 Human Made，来创造他无法用 Bape 表达的东西。

相比之下，藤原浩更低调，他不允许 Goodenough 的规模发展得太大，我跟大家说过，这家伙真的很酷！

在 Goodenough 之后，藤原浩于 2003 年推出了品牌 Fragment Design，这也是一个非常创新的概念品牌，藤原浩将咨询、设计、营销和文化结合在一起，它处于当代生活方式和文化的交汇处。

从制表到家具和电子产品，Fragment Design 的产品涉及多个行业，并不仅仅专注于时尚领域。2005 年，藤原浩为密友埃里克·克莱普顿（Eric Clapton）设计了一款马丁吉他。2003 年，他出演了电影《迷失东京》。

在时尚界，Fragment Design 以其标志性设计和双闪电标识而闻名，吸引着诸多著名品牌的关注，如匡威、盟可睐、路易威登、李维斯、NEIGHBORHOOD、Stussy 和 Supreme。

该品牌进入了运动鞋和男装行业，成为该行业搜索频率最高的合作伙伴之一。

为了推出联名系列，路易威登和 Fragment Design 在全球很多高端零售商业场所开设了一系列快闪店。藤原浩和路易威登男装艺术总监金·琼斯（Kim Jones）共同构想出一支假想的摇滚乐队，并形象地命名为 "Louis V and the Fragments"，以宣告本系列新品的发布。

藤原浩也曾与盟可睐合作，至今仍是 Genius 公司最受欢迎的合作伙伴之一。2020 年，这家合作企业见证了藤原浩将复古风格和军事风格与城市、科技元素融合在一起，代表产品包括军用绿色派克大衣和 Bomber 外套。

藤原浩的另一个天才表现是关于运动鞋的，如果你是一个运动鞋爱好者，你肯定听说过 Fragment Design 与耐克及 Air Jordan 品牌的合作，你应该知道 "HTM" 的含义。

"HTM" 代 表 Hiroshi、Tinker 和 Mark（ 取 自 Hiroshi Fujiwara、Tinker Hatfield、Mark Parker 三人名字的首字母），它名为耐克创新和创意运动鞋设计工作室，于 2002 年开始与藤原浩合作，重新推出了"HTM AF1"（Nike Air Force 1）鞋款。后来，耐克 HTM 团队研发出一项名为 Flyknit 的新技术，并在 2012 年伦敦奥运会上被采用。耐克 Flyknit 技术采用高强度面料，与双脚完美贴合，为运动提供支撑力和耐穿性，从而彻底改变了运动鞋的体验感。

和藤原浩在一起，总会有更多事情要做、更多的东西要看，所以，我不能不提到他于 2009 年在东京青山区推出的香水品牌"RetaW"（发音为 Ri-Tu）。

该品牌涵盖香水、喷雾和香薰产品，让你在家或外出时都可以随时沉浸其中。借助音乐和文化的影响，这些气味通常代表着某位特定的音乐家或音乐作品，例如，Allen 香水是致敬英国歌手 Lily Allen 的——藤原浩是她的粉丝。"RetaW"这个名字是倒写的英文"water"（水），它象征着这个品牌是你日常生活中的一部分，和饮用水一样平常。

你相信藤原浩的天赋吗？

我相信藤原浩是对"酷"这一概念的最好展示和最佳定义。

正如你今天所了解的，藤原浩真的是没有什么领域他没有涉猎过的，他从事迄今为止最有趣的街头时尚职业。

他一直留在幕后，虽然我从未见过他，但我知道他是平易近人、谦虚的人，见过的人都说他总是淡化自己的角色和影响。

这就是"酷"的定义，在我看来，一个酷的人，是一个非常有天赋同时也非常谦虚的人。一个酷的人，不需要炫耀任何东西，没有什么比不炫耀自己的技能和品质更酷的了。

露露乐檬
Lululemon

运动装和健身服都与运动休闲方式紧密联系在一起。

健身是一种重要的社会现象，因为许多人包括我在内，都希望身体健康，同时保持完美的体形。与此有关的露露乐檬（Lululemon）是一个很聪明的品牌。

虽然外观设计看起来像运动服，但露露乐檬的瑜伽裤、紧身裤和运动鞋的款式、颜色、面料都能增强你的自信，且更强调时尚与舒适，而不是功能性。它令运动服走出健身房，成为人们日常衣橱中的一部分。

在中国，随着户外运动及健身、瑜伽及其他室内运动的兴起，休闲运动已成为一种流行的生活方式。我非常支持这一点，因为我相信无论年龄大小，多做运动来保持健康都是必要的。

以我为例，在过去的 10 年里，50% 的时间都生活在北京，我喜欢去健身中心，以前我每天花 2~3 个小时在健身房健身，我感觉很好，很健康，体重也减轻了。

起初我并不太在意健身器材，但在瑜伽及训练课上，我看到周围的人特别是女性在锻炼时非常注意自己的穿着，她们穿着如露露乐檬这样的休闲品牌的健身服，展现出一种酷的运动态度。运动型外观成为新的性感表达，尤其是瑜伽和健身服，并且可以塑造形体美，对吗？

运动休闲风（Athleisure）最初由体育巨头耐克和阿迪达斯引领，想想品牌 Y-3 和阿迪达斯及 Stella McCartney 的联名款式。但是，当创始人 Chip Wilson 在温哥华推出露露乐檬品牌时，他让运动休闲风不再仅是一套运动装，他还令其成了街头服装和运动装之间的时尚生活方式宣言。他使品牌商店成为社区中

心，人们在这里讨论健康生活的方方面面。

露露乐檬代表了都市女性的一种生活方式，她们热爱健身，愿意以远高于耐克的价格购买一条瑜伽裤。露露乐檬也成了一种时尚，它被誉为"瑜伽界的爱马仕"。我甚至听说在中国的一些健身房里，不穿露露乐檬健身套装会感到尴尬。

此外，露露乐檬邀请健身教练和瑜伽老师作为品牌代言人，这是聪明的决策，因为许多人通过健身教练的推荐购买瑜伽用品，我的中国健身教练便向我推荐了露露乐檬。

露露乐檬在中国开有十余家分店，在中产阶层消费者中拥有高端定位，显示出巨大的雄心。在中国的街道上，你可以看到越来越多的人穿着印有类似希腊字母"Ω"形状标识的瑜伽裤。

当然，我也看到中国体育和休闲品牌的巨大商业空间，如李宁和安踏这样的大型企业正日益与耐克和阿迪达斯等竞争，而较小的中国品牌则拥抱运动休闲风，与露露乐檬等竞争。

独立设计师运动服装品牌玛娅（MAIA ACTIVE）是一个年轻的中国休闲品牌，2016 年由欧逸柔（Lisa Ou）和王佳音（Mia

Wang）在上海创立。为了实现时尚与健身的结合，玛娅积极开发适合亚洲女性的图案系统，每季度通过印花和丰富的色彩体现女性运动之美，因为玛娅看到许多女性消费者购买运动裤就像买口红一样频繁。

玛娅还开展了一系列活动鼓励并帮助女性发现并成为真实的自己，活成自己喜欢的样子。玛娅开发专属于亚洲女性的版型系统，用专属于亚洲女性的裁剪方式达到以衣塑形的效果。

玛娅每个系列的服装都拥有不同的标语，衣服包装内还附有一张小卡片，上面写着"漂亮不止一种样子"或"自由选择她可以"。为了在情感上与消费者建立联系，玛娅与用户一起，以"我不是漂亮，我是＿＿＿宣言"为主题，拍摄女性视角的广告短片。玛娅善用普通消费者而不是名人来进行品牌代言，该品牌与新锐设计师女装品牌 YIRANTIAN 发布联名款产品。我将继续关注这一中国本土品牌，它从天猫商城起步，也开了数家线下商店。

我一直鼓励中国消费者对自己的选择和品位建立更多的信心，我告诉他们，不仅要寻找那些大型的、著名的身份象征品牌，也要寻找那些符合自己真实个性的品牌。因此，我认为像玛娅这样的中国品牌，可以帮助客户理解什么对他们来说是正确的，并且在选择品牌时也培养了一种心理自由。

Chapter 6

第六章

奢侈品牌合作

luxury brands
collaborations

引言
Introduction

在奢侈品行业，我们看到越来越多的品牌合作案例，这在很大程度上像一个魔盒。合作类型有很多，如联合品牌、营销联盟、品牌和分销伙伴关系等。

奢侈品牌不能总是通过传统的内部品牌延伸来获得更多的经验。

跨界与合作相结合是全球化和互联网革新所推崇的一种文化趋势，它使这个世界越来越紧密地联系在一起，因此，品牌和企业未来的业务增长需要一个新的联盟生态系统。

此外，奢侈品牌合作目前需要考虑5个关键因素：

1. 与不断发展的消费文化保持密切联系——刷新梦想因素（从千禧一代到Z世代）。

2. 不断丰富品牌创意与现代感。

3. 随着业务的增长（大品牌），重新创造排他性观念。

4. 发展受欢迎程度而不是亲民程度来发展业务（小品牌）。

5. 增进消费者知识，促使客户个性化参与（数字时代）。

营销合作通常需要考虑以上这些关键因素。我们可以用以下方式定义营销合作：当一个品牌将其名称与其他品牌／实体相关联，并且这种关联在市场上可见，并影响了消费者对该品牌及其产品的感知、了解和欣赏时，它排除了纯粹的工业、后台合作，这些合作既不可见，也与品牌消费者无关。

这里需要注意的是：其他品牌／实体是什么？它们包括：

• 持有股份的个人或公司；国家、城市、社区、地点、位置。

- 自然元素或历史元素。

- 某项生产技术、某种独特的原材料。

- 艺术家、设计师、有影响力的人、名人。

- 奢侈品牌、快消品牌、运动品牌。

- 零售商或分销商，线下或线上，奢侈品或大众。

- 线上市场、社交媒体平台。

合作可以针对品牌价值链上的一个或几个元素展开。在决定合作时，奢侈品牌应该有明确的目标，并确保双方的合作在形象目标和商业目标之间保持平衡。此外，奢侈品牌应该确保这些合作对双方客户都有意义。为此，合作双方应该找到一个共同的领域、共同的品牌DNA和视觉代码，以及兼容的品牌故事。奢侈品牌追求的是卓越品质和优质美学，所以合作双方也应该确保合作的完美执行，并且注重细节。对奢侈品牌来说，合作意味着拥有很多机会，但应该小心避免稀释自己品牌的独特性，这可能会出现与已经和许多其他品牌（包括市场品牌）合作的个人或品牌合作的情况，因此，在可能的情况下，奢侈品牌应该选择有利于增强品牌独特性的替代方案。

近年来，奢侈品牌意识到品牌合作的力量，率先推出了各种创新的合作方式。让我们一起看看奢侈品牌是如何玩转合作艺术的。

迪奥
Dior

我对滑雪的热情让我更关注迪奥进军滑雪界的举措。

滑雪作为冬季运动，是奢侈生活方式的重要组成部分。奢侈品牌对奢侈运动服装和专业产品的开发很感兴趣。

我们先来看看在迪奥之前，进入运动领域的时尚品牌有哪些。

其中，先锋品牌是山本耀司与阿迪达斯联名推出的"Y-3"，其次是品牌 Stella McCartney 与阿迪达斯联名推出的运动系列。

巴黎世家（Balenciaga）于 2017 年推出了蓬松款滑雪夹克。

拉夫•西蒙（Raf Simons）在 2019 年与高端滑雪服装品牌 TEMPLA 合作推出了滑雪系列。

还有意大利滑雪品牌 Colmar 与 cult Tokyo label White Mountaining 的合作，以及品牌 Y/PROJECT 与 Canada Goose 的合作。

盟可睐（Moncler）在 2020 年推出了致敬品牌创立 10 年的滑雪服系列 Moncler Grenoble，与此同时该品牌的滑雪系列服装首次亮相。盟可睐（Moncler）在其 Genius 系列中也开始增加滑雪服的款式。

法国奢侈品牌蔻依（Chloé）与法国滑雪品牌 FUSALP 合作推出了一系列联名产品。蔻依在上海"TX 淮海"商业中心举办了 Chloé X FUSALP 冰雪派对，邀请了 Chloé X FSALP 滑雪系列活力大使王珞丹女士和人气时尚博主 Mia Kong、程晓玥等出席。

品牌吉尔·桑达（Jil Sander）与始祖鸟（Arc'teryx）携手设计联名运动服系列，于 2021 年秋季正式登场，该系列涵盖了男女装，并为双板滑雪、单板滑雪和其他山地运动打造全新机能服装。

了解了竞争激烈的豪华运动服装市场后，我们继续探讨迪奥如何定位其滑雪胶囊系列。

迪奥于 2021 年 12 月推出了第一个滑雪胶囊系列，包括滑雪套装、滑雪板，以及滑雪板和滑雪装备的集合。这条新产品线的设计者是迪奥男装艺术总监 Kim Jones，这次合作迪奥携手专业运动品牌迪桑特（DESCENTE）、AK Ski 和 POC。

本次合作将这三个品牌的技术承诺与迪奥的奢华和创意设计美学结合起来，该系列被视为卓越技术工艺与时尚需求的完美融合。

Kim Jones 设计的滑雪服装系列包括男装羽绒服、贴身夹克和裤装，以日式复古潮流色调（如蓝色、黄色和紫色）为设计灵感，采用环保尼龙面料精制而成，并填充符合人道标准的羽绒，以明亮的色调重新阐释迪奥的视觉代码。

迪桑特（DESCENTE）在中国越来越流行，这是一家成立于 1935 年的日本运动服装和运动装备公司，此品牌在 1954 年开发了滑雪服系列，并于 1961 年注册了 DESCENTE 商标。

对我这个法国人来说，有趣的是，"Descente"是一个法语单词，在法语中是滑降的意思，品牌标识中的箭头也会让人联想到滑降，无论是直线滑行（称为 Tchuss）还是侧滑。

迪桑特开发了一系列滑雪服装，其中最受欢迎的无疑是创新的 Demopants 滑雪裤、具有划时代意义的 Magic Suit 魔法运动套装，以及被称为"Mobile Thermo"的移动保暖夹克。2002 年，迪桑特与荣获奥斯卡最佳服装设计奖的服装大师石冈瑛子（Eiko Ishioka）女士合作设计 Vortex suits 滑雪套装，被日本、瑞士和加拿大国家队选作队服。

迪桑特在中国很有知名度，2016 年，安踏集团子公司与迪桑特子公司 Descente Global Retail Limited 成立合资企业，合力开拓中国市场。该公司宣布吴彦祖（Daniel Wu）为其中国区首位品牌代言人，女演员辛芷蕾（Xin Zhilei）为其女性代言人。2020 年 10 月，迪桑特旗下品牌的全新概念店在北京三里屯太古里开业。

2020 年 12 月，迪桑特在中国打造首档滑雪综艺节目《High 上云顶》，邀请自由式滑雪空中技巧世界冠军程爽、冰雪运动推广大使师义龙等，向大众推广滑雪文化，展示滑雪运动的独特魅力。迪桑特在滑雪界的地位，是迪奥明智地选择该品牌的原因。

为打造独树一帜的风格，迪奥与瑞士户外运动品牌 AK Ski 合作，推出特别款双板及单板滑雪板，饰以迪奥标志性 OBLIQUE 印花，尽显轻盈灵巧。

　　起初我对 AK Ski 品牌并不熟悉，在了解了品牌内涵之后给我留下深刻的印象。AK Ski 是一家家族企业，由 Aldo Kuonen 创办，他是 Rossignol 车队的前队长，他的愿景就是与他人分享自己对滑雪装备技术的投入，以及对滑雪的热情。25 年后，他的孩子 Marco 和 Francesca 继续延续着他们父亲的激情。

　　AK Ski 每年生产不到 3000 双滑雪板，专门为用户定制，这是一种真正的奢侈品，只在欧洲的精品店销售。AK Ski 以纯工艺见长，采用多项技术，比如使用 Elastac 这种尖端的橡胶基材料，有助于保持滑雪板的平稳运行，以减轻关节压力。

　　AK Ski 产品的成功也归功于其夹层结构工艺，该工艺允许连接完全不同的材料，如木材、钢、玻璃纤维、碳纤维、钛合金、聚乙烯等，这种工艺能够调整滑雪板的各种压力 / 张力及扭转点，并根据用户的需要调整滑雪板的刚度。

　　多亏了迪奥，让我了解到为精英人士打造高级定制滑雪板的 AK Ski 品牌，我希望我能很快买到一副定制的 AK Ski 滑雪板！

　　该系列中的头盔由 POC 公司设计，POC 是一家瑞典公司，专门生产用于滑雪和山地自行车的高性能防护设备和运动装备。

　　Kim Jones 非常聪明地选择了这三个品牌：DESCENTE、AK Ski 和 POC，这些合作使迪奥在技术和工艺方面具备了生产滑雪装备所需的信誉。

为了提高"滑雪胶囊"系列的知名度，迪奥在全球不同地区开设了快闪店，包括纽约 Soho 区、美国比佛利山精品大街、东京和大阪、北京 SKP 和上海恒隆广场（Plaza 66）。

上海恒隆广场（Plaza 66）的迪奥滑雪装备快闪店

迪奥"滑雪胶囊"系列背后的策略是什么？

奢侈品牌希望传达新的生活方式，运动便是其中之一。凭借轻松的态度，这些独特、轻便、舒适的迪奥滑雪装备适用于滑雪的各个方面——无论是在斜坡上还是在雪地上，都体现了一种全新的理想生活方式。

154

当然，品牌不应仅期待专业滑雪系列的强劲销售，因为大多数消费者购买这些产品主要是为了娱乐、形象、地位，而不是真的在运动时使用它们。

因此，最重要的是要创造美丽的形象、梦想和愿望，同时向客户表明该品牌是真诚的，这也是迪奥选择与专业运动品牌合作的原因。

我同样认为迪奥冬季运动/滑雪系列的主要目标就是中国市场。近年来在中国，滑雪已经从一项小众职业运动转变为一种流行的生活方式，这使得全球滑雪爱好者将注意力转向中国。拥有 ClubMed（地中海俱乐部）控股权的中国复星集团，也增加了长白山、太舞和太仓滑雪项目的投资比重。

因此，中国蓬勃发展的滑雪市场，为像迪奥这样的奢侈品牌创造了许多机会，令其将品牌与户外山地运动，特别是滑雪运动所传达的令人鼓舞和向往的生活方式联结起来。

克里斯汀·鲁布托的故事之二

我们接着前面的章节，探讨更多关于克里斯汀·鲁布托成功的原因。

首先我们来解读克里斯汀·鲁布托的个性。理解鲁布托的一个关键因素，是他对旅行和多元文化的热情，不仅在印度，还有埃及和葡萄牙，他在这些地方都有房产。

作为一个旅行家和收藏家，克里斯汀·鲁布托的收藏滋养了他对美的品位，激发了他的创造力。从一开始，他就以对艺术和其他文化的热爱为灵感，为自己的创作注入了丰富的图案和色彩。因此，他周围的一切，包括旅行、娱乐、舞蹈、文学、电影，以及流行文化等都滋养了他的创作天赋。

克里斯汀·鲁布托被认为是一位能提升女性形象的魔术师，他的创作灵感围绕着欲望和诱惑。除了对鞋子的迷恋，他的创造力还依赖于三大支柱：自由和正直是第一支柱，这是他保持独立的原因；混合文化是第二支柱；对品质的不懈追求和不妥协是第三支柱。

在过去的 10 年里，我在鲁布托品牌见到的所有高管都向我证实了这一点。当我为中国的 VIP 客户或学生团体组织参观巴黎的展厅、商店以及组织研讨会时，我经常在巴黎与该品牌接触。

有一年，我为数名中国企业高管组织了一次豪华的巴黎考察之旅，他们都在复旦大学攻读 EMBA，我要求克里斯汀·鲁布托品牌为我们组织一次为时半天的沉浸式参观。在巴黎展厅见到的品牌负责人所洋溢的热情和快乐，令我的学生们感到惊讶。一天的参观结束前，品牌方特意将 Faubourg Saint Honoré 的旗舰店空出来留给我们，然后邀请我们欣赏卡巴莱歌舞表演，这对每个人来说都是一个巨大的惊喜。除了与鲁布托之间的特殊合作关系，品牌方也想让我们了解舞者和歌舞表演对鲁布托

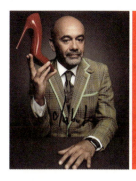
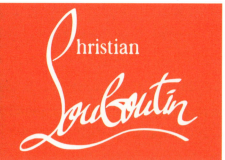

品牌的重要性。

　　事实上，克里斯汀·鲁布托本人的个性对品牌和公司文化产生了强烈的影响，这一点在我们访问该品牌时便能充分感受到。工作内容充满着激情和乐趣，大多数员工对品牌都有着同样的激情，在这里工作他们感到非常快乐，这种快乐伴随着一种乐趣元素，这种乐趣是由鲁布托本人的顽皮、易相处的个性以及他所创造的奇趣世界所带来的。

　　强大的奢侈品牌总是有标志性的创意和产品，鲁布托也不例外，这是从一个因可能会划伤地板而被博物馆禁止入内的标牌开始的故事。当他开始绘制和重新设计他在标牌上看到的鞋子时，它便成了品牌的"奠基"元素，这就是该品牌最具标志性的 Pigalle 鞋款的灵感来源，并且在每个季节都会进行革新。

　　因此，鲁布托这个名字便经常与高跟鞋联系在一起。该品牌其他的经典鞋款还包括 Nudes 系列、Pansy Pumps 系列、Hot Chicks 系列。其他标志性产品还有 Louis 运动鞋和指甲油。

　　该品牌的另一个设计灵感来源于已故的戴安娜王妃独自一人坐在泰姬陵前的留影，那是一个孤独而悲伤的画面。鲁布托决定制作一双饰有"LOVE"字样的拖鞋，这样她就永远不会忘记自己有多么幸运地被人们深爱着。

　　该品牌具有强大的视觉代码，有助于品牌识别。当然，红色鞋底、鞋上的印花鞋钉装饰，都增强了鞋子的感官识别度，强化了鲁布托品牌的力量。颜色也很重要，可以是奢华的色调。

克里斯汀·鲁布托总是试图将他的创作提升到艺术的高度，而每一个创作，都恰好把握在实用与艺术的十字路口。2020年2月26日到2021年1月3日，巴黎镀金门宫（Palais de la Porte Dorée）举办了克里斯汀·鲁布托作品和创意展，展览上可以看到他最早期的作品之一：由金属皮革制成的Maquereau鞋，其灵感来自水族馆中的热带彩虹鱼。

解读一些著名的鲁布托合作案例，可以看到品牌合作也是其强大工具。我做了广泛的研究后发现鲁布托是品牌合作的忠实粉丝，每次合作都既明智又真实，而且总是与克里斯汀·鲁布托本人具有相关性。

大多数时候，是其他品牌或机构来找鲁布托，只有当鲁布托觉得自己与这些品牌或机构"来电"时，他才会决定与之进一步沟通和对话。这些合作包括他与不丹、塞内加尔、印度、墨西哥工匠的合作，以及与舞蹈家Dita von Teese、摄影师David Lynch、歌手Mika等人的合作。

2009年，他与白雪香槟（Piper-Heidsieck）进行了一次非常有创意的合作——与来自19世纪的一项相当大胆的仪式联系在一起。历史上，俄罗斯贵族穿着芭蕾舞鞋敬酒，以彰显舞者的才华，这一传统在巴黎标志性音乐厅Folies Bergères（女神游乐厅）的鼎盛时期，以一种更具挑衅性和恋物癖的方式被改编，当时男人们习惯穿着舞者的鞋子举杯祝酒，以示钦佩。

克里斯汀·鲁布托与白雪香槟（Piper-Heidsieck）于2009年联名推出了一款高跟鞋形状的限量水晶香槟杯，与一瓶限量联名香槟共同包装在一个别致的鞋盒状的礼盒中。

克里斯汀·鲁布托于2011年受邀成为文华东方酒店的名人粉丝。随后，鲁布托于2017年和2018年在全球多家文华东方酒店内推出他的第一批美甲快闪店。2018年，巴黎文华东方酒店携手克里斯汀·鲁布托品牌打造"情人节住宿套餐"，其中

就包括"鲁布托美甲体验"。

2012 年，品牌受迪士尼委托打造现代版灰姑娘的水晶鞋，全球仅限 20 双。2017 年，品牌再次与迪士尼携手，推出《星球大战》（*Star Wars*）系列电影之《星球大战：最后的绝地武士》联名系列鞋款。

品牌于 2015 年、2016 年、2019 年，为在孟买举行的 Sabyasachi 年度时装秀设计限量手袋和鞋子。2017 年，品牌推出 Louboutin X Sabyasachi 联名限量定制产品，其中包含使用金银刺绣、水钻镶嵌和昂贵的纱丽设计制作的奢华印度纱丽。

2019 年，摩洛哥皇家曼苏尔酒店（Royal Mansour）与鲁布托联名推出独一无二的 Royal Mansour 定制款拖鞋。

鲁布托还参与了几项由企业社会责任驱动的合作，如他与 La Maison Rose 组织合作，为塞内加尔女性设计限量版鞋子，以及与 Lexican Fundacion de las Haciendas 基金会合作推出限量款产品，以支持当地玛雅文化和手工艺的传承。

奢侈品牌通常由其独特性和真实性来定义，这尤其适用于鲁布托。鲁布托创造了一个独特的世界——他自己的世界，他从不在自己所坚持的个人愿景和品位上妥协。

不试图追随潮流，而是保持设计和财务的独立性，这正是这个品牌真实、完整的原因。克里斯汀·鲁布托在中国市场要取得与世界其他地区相同的成功，指日可待。

古驰
Gucci

古驰曾在中国牛年新年推出胶囊系列，并将日本动漫形象"哆啦 A 梦"融入本系列当中。哆啦 A 梦是日本漫画大师藤子·F·不二雄于 1970 年创作的系列漫画中的形象，故事讲述了一只名叫哆啦 A 梦的机器猫，从 22 世纪回到过去，帮助一个名叫大雄的男孩的故事。

此前，古驰曾与 The North Face 品牌携手手游《宝可梦 Go》，推出全新联名系列。

古驰的这些合作，会对品牌产生哪些影响呢？让我们一起来解读并评估这些合作与品牌的相关性，为此，我们需要记住是什么让古驰在奢侈品牌中独树一帜的。

古驰（Gucci）1921 年由古驰奥·古驰（Guccio Gucci）在意大利佛罗伦萨创立，最初向富有的精英人士和骑马爱好者销售豪华皮包，后来成为全球名人和富有客户的代名词，并与意大利品牌 Dolce Vita 联系在一起。20 世纪 50 至 60 年代，美国正值黄金发展期，古驰推出手袋"The Jackie Bag"，这是以美国前第一夫人杰奎琳·肯尼迪（Jackie Kennedy）名字命名的品牌，该品牌在 80 年代衰落，古驰家族也结束了与该品牌的合作。

1990 年后，汤姆·福特（Tome Ford）使古驰焕然一新，并将其置于时尚前沿，使其更具性感、诱惑力和成熟感。

2005 年，新任掌门人 Frida Gianini 带领品牌回归意大利传统，强调品牌经典视觉元素和图标，并融入现代风格，使该品牌变得更加独立。

创作总监 Alessandro Michele 重新塑造了古驰，欲传达一

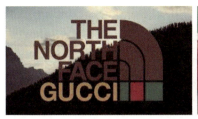

个新形象——更加兼收并蓄、有趣、中性、色彩丰富、浪漫，具有诗意和传奇色彩，并将花花公子主义与意大利文艺复兴、哥特式美学、朋克精神融为一体。

Michele 希望古驰与年轻顾客建立真实的情感纽带，重新定义21世纪的奢侈品牌。"The Lyst Index"品牌榜单的最新报告将古驰评为全球最热门品牌之一。古驰在2015年后的销售额翻了一番，2019年达到96亿欧元。

古驰的品牌DNA并非恒定不变，它取决于创意总监，以及他如何努力使品牌与他对现代消费文化的愿景相关联。古驰的品牌发展是通过打破自己的视觉元素来实现的，而香奈儿则是通过沿袭自己的视觉元素来实现的。

分析古驰最近的品牌合作，体现了 Michele 对该品牌的创造性愿景。与哆啦A梦的合作很有趣，似乎与古驰的创新精神一致。古驰聘请摄影师 Angelo Pennetta 拍摄宣传广告，广告内容融合了哆啦A梦标志性的奇思妙想和古驰的巴洛克式奢华，呈现出有趣的画面：微笑着的模特们在装饰着古董家具的别墅里享受着哆啦A梦的陪伴。

哆啦A梦是本次活动的明星，哆啦A梦与一群时尚模特一起闲逛、欢笑和纵情享受，这些模特穿着联名款服饰、围巾和运动鞋，古驰经典的 Monogram 图案上饰有哆啦A梦的卡通形象。我们还可以看到华丽的连衣裙、夹克、衬衫和运动服，这些都是由科技针织物和丝绸制成的，强化了古驰标志性的复古美学。

该品牌发布了分别为男性和女性设计的新款服饰系列，蓝色字符覆盖在带有双 G 标识的印花帆布上，该系列包括针织品、圆形包、运动服、运动鞋、帽子和丝巾。在中国发布的 Doraemon x Gucci 联名系列，与中国的牛年相关联，其特点是将漫画人物装扮成一头牛，在一系列成衣和配饰中穿梭。该系列可在线购买，也可通过古驰精选商店购买，包括古驰国际快闪店。

在举办该联名活动的上海和中国香港地区的古驰店铺中，独特的古驰艺术墙不断地吸引着时尚人士驻足，进一步提高了品牌曝光度。而古驰的手机应用程序利用 AR 技术，带领观众进入漫画人物的生活，观众通过扫描艺术墙和产品包装上的二维码，就可以看到哆啦 A 梦在跳舞。

这听起来很有趣，但这种合作的缺点是什么？它是否可以被视为一种形式简单的惰性协作，主要依赖于在产品上添加一个大众熟知的图标。

这里可能存在的一个问题是，哆啦 A 梦非常受欢迎，在古驰之前它已经开发了许多个合作项目，例如与优衣库和村上隆合作；与 Hello Kitty、匡威合作；与 Atmos&Reebok 合作开发联名运动鞋胶囊系列；与日本时尚品牌 Samanta Thavasa 和 Aloye 合作；与韩国美容品牌 A'Pieu、游戏生活方式品牌 Razer 以及日本相机品牌佳能合作。

这些合作会影响古驰品牌的排他性吗？风险在于哆啦 A 梦人物形象本身，还是哆啦 A 梦与其他许多时尚品牌更大众化的市场有关联？

我对奢侈品的品牌合作建议如下：

首先，合作应该是相关的和有意义的。两个品牌之间应该有一个共同的领域，如在品牌 DNA、视觉元素、故事讲述方面，这样，两个品牌的粉丝都可以在情感上更好地理解双方的合作理念。

在古驰与哆啦 A 梦的合作案例中，我认为这种共鸣是存在的，特别是在年轻一代消费者中。

值得一提的是，Alessandro Michele 一直在引用 20 世纪 70 年代的流行文化。古驰 2016 秋冬秀中，以连环漫画《花生》为特色；2018 秋冬秀中，与美国职业棒球大联盟（Major League Baseball）和派拉蒙（Paramount）等众多美国偶像合作；2019 年，古驰与迪士尼合作，还与 *ONE PECE* 创作者尾田荣一郎（Eiichiro Oda）一起创作了一本以海盗鲁菲（Luffy）和佐罗（Zoro）为主角的画册。

其次，我认为奢侈品牌是由其独特性来定义的。我经常解释说，奢侈品牌应该优先寻找另类合作方式。什么是另类合作？这意味着古驰应该确保他们选择的合作对象，不会与太多古驰不想参与的其他品牌合作。

显然，在这个案例中，这是不可能的，因为哆啦 A 梦已经并将继续与许多大众品牌合作，古驰冒了一定的风险。

最后，最重要的是执行。奢侈品牌的合作应该是完美的、定性的，具有美丽的图像、艺术联想、美学和故事性。

古驰与哆啦 A 梦的合作也是如此，顺便说一句，古驰的合作对象还有 The North face。

Chapter 7

第七章

奢侈品行业
的融资并购

M&A in the
luxury sector

引言

Introduction

自 20 世纪 80 年代奢侈品行业创立以来，融资并购一直是奢侈品行业增长的主要驱动力。在 80 年代，随着小型家族企业向奢侈品牌和奢侈集团转变，奢侈品部门成为一个真正的商业部门和重要的工业部门。从那时起，并购成为奢侈品行业崛起的关键因素，包括：

1. 奢侈品集团和企业集团的创立。

2. 针对奢侈品牌／集团和奢侈品零售商的 IPO。

3. 私募股权投资基金部分／全部收购零售商或奢侈品牌。

4. 奢侈品牌收购供应商（纵向整合）。

5. 奢侈品集团收购新品牌（横向整合）。

6. 互联网／电子商务渠道领域的并购／私募投资。

7. 中国企业集团收购奢侈品牌。

8. 路威酩轩集团（LVMH）的独特案例。

奢侈品集团的创立主要发生在法国，我们可以观察到以下时间线：

1970 年：欧莱雅奢侈品事业部签署收购及许可协议。

1971 年：酩悦香槟（Moët & Chandon）与轩尼诗（Hennessy）合并，创立酩悦·轩尼诗集团（Moët-Hennessy）。

1987 年：路威酩轩集团（LVMH）创立——酩悦·轩尼诗集团和路易威登集团合并，创立了全球第一个奢侈品集团。当时，集团旗下拥有 15 个奢侈品牌。如今，该集团旗下的奢侈品牌已超过 78 个。

1988 年：历峰集团（Richemont）创立（旗下品牌有卡地亚、登喜路、万宝龙和蔻依）。在接下来的 15 年里，历峰集团又收购了 10 个奢侈品牌。

1999 年：开云集团（Kering，当时名为 PPR）开始投资奢侈品行业，收购了古驰（Gucci），在接下来的 15 年里共收购了 15 个奢侈品牌。

围绕美国品牌的融资并购也在发展，但程度较低。

1990 年：雅诗兰黛集团开始品牌收购，并进行时尚授权。

2000 年初：美国 PVH 集团创立，旗下品牌有 Calvin Klein，Tommy Hilfiger，Arrow，Van Heusen 等。

2016 年：科蒂（Coty）集团收购宝洁公司旗下数十个品牌。

2018 年：蔻驰（COACH）在收购了斯图尔特·韦茨曼（Stuart Weitzman）和凯特·丝蓓（Kate Spade）后创建了 Tapestry 集团。

2018 年：品牌 Michael Kors 创立了 Capri Holdings Limited 集团，收购了 Jimmy Choo 和范思哲。

无论中国本土奢侈品企业在某些市场发展得多么强大，在世界其他地方都找不到类似的品牌，如中国奢侈品集团复星时尚集团，后更名为 Lanvin Group（复朗集团），以及山东如意科技集团。另外，大型奢侈品分销商的数量在俄罗斯（如 Mercury、Bosco、Jamilco）、中东地区（如 Chalhoub、Al Tayer）、印度（如 Reliance Brands Limited）和韩国（如 LG

Fashion、Shinsaae International）也都有所增长。

大品牌总是不够的，并购正在推动奢侈品行业向更大的奢侈品集团发展。在个人奢侈品行业，目前全球有7家公司/团体，2021年其市场份额占全年全球个人奢侈品行业总额的近50%。

但并非所有品牌都能加入奢侈品集团，所以很多品牌都需要通过风险投资基金或私募基金来获得融资和支持。例如，华伦天奴（Valentino）和皮埃尔·巴尔曼（Pierre Balmain）目前都是由卡塔尔一家名为Mayhoola的私募基金投资的。

IPO也很重要，因为它代表着私募股权基金的一条出路，而成功的奢侈品牌IPO将推动私募股权基金的投资。

另一种重要的并购方式是垂直整合。为了保障和保护供应链，许多大型奢侈品牌收购了它们的战略供应商，香奈儿（Chanel）收购Paraffection公司就是一个例子。Paraffection公司是一个奢侈品手工坊，对保护法国高级定制时装的手工技术至关重要。

路威酩轩集团（LVMH）仍然是一个独特的例子，因为它是目前全球唯一的奢侈品集团，其业务涵盖大多数奢侈品行业，包括奢侈酒店，如贝尔蒙德酒店（Belmond）和白马庄园（Cheval Blanc）。

奢侈品行业高度集中在几个大集团里，这是新晋奢侈品牌面临的一个主要发展障碍。

以上，对奢侈品的起源、奢侈品牌的艺术和文化基础、奢侈品牌的管理基础、奢侈品牌延伸、创新、合作、行业融资并购等方面进行了概述。接下来，让我们一起去了解奢侈品牌所积累的丰富且具体的成功案例，从中得到应用于中国未来产业的经验，感受人类优美创造力的趣味。

在奢侈品行业，规模越大越有优势。所以，兼并收购是打造强大奢侈品牌集团的重要方式。我们来看看一些重要的并购案例。

Jimmy Choo 的传奇故事之三

在 25 年的经营历程中，Jimmy Choo 品牌七次易主，但是每次易主，公司的市值都在增加，所以直到现在几乎所有人都赚到了钱。

让我们从 1995 年公司的创立者塔玛拉和周仰杰先生讲起。

塔玛拉家族带来了公司发展所需的现金，以此获得了 50% 的股份。周仰杰先生没有可用于投资的资金，因此他用自己的英文名字为公司命名，获得了另外 50% 的股份。将名字授予一家可能无法永久拥有的公司，对任何设计师来说都是有风险的。设计师们并不能充分理解这一点，但他们有时别无选择，比如 Helmut Lang 和 Jil Sander 这两个品牌的设计师，在 20 世纪 90 年代，他们把股权卖给了 Prada 集团，从而失去了对品牌的控制，导致未来在发展方向上并没有发挥品牌长处。

问题在于，塔玛拉和周仰杰之间的"蜜月期"很短，两人的关系迅速紧张起来，塔玛拉声称周仰杰不了解该如何准时完成成品鞋的制作，周仰杰则称塔玛拉对他置之不理，而是更多地与侄女桑德拉·崔（Sandra Choi）合作，塔玛拉随后声称只有桑德拉明白她想要什么。

随后便出现了第二个问题，尽管塔玛拉不在设计团队中，但像我们讲述的那样，她是品牌的基因，总是将自己对品牌和产品的需求告诉设计师桑德拉。塔玛拉牢牢占据着主导地位，也许充分的理由是——她也是客户。

但是周仰杰先生不能接受这种情况，这造成了叔叔和侄女之间的紧张关系，两位创始人之间的矛盾甚至更加激化。2000 年，矛盾逐渐公开化，到了不得不解决的地步。

塔玛拉比周仰杰反应更快，她找到了愿意加入公司的投资者，购买了周仰杰的股份。仅仅五年，公司市值就达到 1800 万

联合品牌

H&M　　Hunter　　Richard Phillips　　UGG

英镑，周仰杰获得了一半的盈利，他无法拒绝。黯然退出的周仰杰虽一夜致富，却失去了以自己名字命名的公司的所有权，尽管经过协商，他将来仍可以制作高级定制鞋。

2001年，Jimmy Choo品牌进行了第二次资本运作，是通过风险投资进行的杠杆收购。杠杆收购意味着投资者的大部分资金是从银行借入的，这就给企业带来了压力，因为企业必须产生足够的现金流以保证偿还债务利息，并获得足够的企业价值，以便新投资者接受以更高的价格进行投资，以偿还债务，这对奢侈品牌来说存在风险，但Jimmy Choo品牌运作得很成功。

风险投资人罗伯特·本苏桑斯毕业于法国Essec商学院，他曾是时尚界一名成功的CEO。他借了一大笔钱进行投资，担任Jimmy Choo的CEO，塔玛拉出任总裁。

对此我有一个观点，我认为，如果你在一个大型集团担任CEO，即使工作再努力，也不如在自己投资、自担风险的公司里更有动力。在大集团内任职虽存在因工作失误被解雇的风险，不过也可能会收到"金色降落伞"（雇用合同中按照公司控制权变动条款，对失去工作的管理人员进行补偿的规定）。而在自己投资的公司，工作失误则可能会失去一切，甚至是住所。

这就是罗伯特面临的情况，周仰杰先生的离开对品牌没有任何影响，因为塔玛拉继续激励着由桑德拉领导的设计团队。罗伯特则负责除此之外的一切事务，他优化了意大利供应链，引入定位流程，领导着商业和营销团队，品牌以零售和批发相结合的分销模式在欧洲和美国迅速发展。

2001年至2004年，罗伯特和塔玛拉相互协作，关系良好。

第三次资本运作发生在2004年，塔玛拉和罗伯特在保持原有职位的情况下出售了一部分股份，为品牌发展注入新的资金。当时，公司市值增长了五倍，达到1.01亿英镑，而新的投资者是一家小型私募股权基金Lion capital。

2004年至2007年，公司继续飞速成长，罗伯特进一步发展了公司的零售业务，并在亚洲和中东地区雇用了经销商。

在与连卡佛百货（Lane Crawford）一同测试了中国香港地区的市场后，罗伯特找到分销商Bluebell公司，在香港地区的地标性地段开设了第一家Jimmy Choo门店，并通过香港地区的安派德品牌将Jimmy Choo引入内地。

此时问题出在了塔玛拉和罗伯特身上，"蜜月期"结束了，两人之间的矛盾变得不可调和，再次威胁到了公司的发展。

有时，管理者和设计师之间会存在冲突，但这时，品牌Jimmy Choo面临更多的是两个管理者之间的冲突，罗伯特向我解释说，塔玛拉是不受制于人的，自负、桀骜不驯，正如在时尚界经常发生的一样。

这一次，罗伯特动作更快，他找来TowerBrook，这是一家致力于快速成长品牌的大型私募股权基金，主管Ramez Sousou是罗伯特的朋友。

经过尽职调查后，TowerBrook加深了对这笔交易的兴趣，

但最终，在与塔玛拉进行了长时间会面之后，TowerBrook 认为这笔交易不能没有她的参与。罗伯特只有两种选择：放弃交易，或者离开品牌只留下塔玛拉来完成交易。他选择了第二种。

第四次资本运作，公司市值达到 1.85 亿英镑，结果还不错。

金融投资者通常对品牌的设计部分敬而远之，所以他们不想失去塔玛拉，在他们眼中，她代表着产品设计和开发。罗伯特无疑是理想的 CEO，但有时 CEO 可以替代，品牌的创新思维却无法替代。

2007 年，Jimmy Choo 品牌开启了新的时代，强势的塔玛拉掌管一切，约瑟夫·舒尔曼被招募为新的 CEO。品牌继续发展，塔玛拉发起了多项品牌合作，包括与品牌 H&M 的合作，以测试男装和女士配饰的市场反应。

2011 年，Jimmy Choo 品牌进行了第五次资本运作。TowerBrook 将公司出售给巴利（Bally）品牌的所有者、奢侈品集团 Labelux，后来该品牌又被转售给中国山东如意集团。

Jimmy Choo 发展时间线（被迈克高仕 Michael Kors 公司收购之前）

1995	2001	2004	2007	2011	2014
15万英镑	1.8千万英镑	1.01亿英镑	1.85亿英镑	3.8亿英镑	5.45亿英镑
公司成立	第一次杠杆收购	第二次杠杆收购	第三次杠杆收购	Labelux集团收购	伦敦上市
塔玛拉+周仰杰	私募基金凤凰股权投资公司(Phoenix Equity)+罗伯特·本苏桑斯	狮王私募股权基金(Lion Capital) 持大多数股权	私募股权基金TowerBrook持大多数股权	被Labelux集团收购	首次公开募股
各持股50%	持股51%	塔玛拉和罗伯特·本苏桑斯持少数股权	罗伯特·本苏桑斯离开	塔玛拉离开	出售 25%股权
伦敦、纽约、洛杉矶、《欲望都市》	向背包和小皮革产品多元化发展	与合作伙伴进行国际扩张	合作时代开始产品授权	聚焦亚洲回购特许经销商	聚焦中国零售整合
1家门店	4家门店	12家门店	40家门店	110家门店	135家门店
1996	2001	2004	2007	2011	2014

这次交易中，公司市值已达到 3.8 亿英镑。业内投资者了解时尚行业，因此不担心品牌的设计问题，这是塔玛拉最终离开的原因吗？可能是其中之一。

桑德拉成了唯一留下来的初创者，后来她与新一任 CEO 约瑟夫·舒尔曼一起工作，他也是 Essec 商学院的毕业生。

三年后，Labelux 集团于 2014 年公布 IPO（首次公开募股）计划，Jimmy Choo 品牌在伦敦证券交易所挂牌上市。

传奇仍未结束。2017 年品牌进行第七次资本运作，迈克高仕（Michael Kors）公司以 12 亿美元的价格收购了 Jimmy Choo，这对最初那个小小的高跟鞋品牌来说是一个不错的结局。

但是，品牌创始者们可能会感到遗憾，特别是周仰杰本人，如果晚点离开，他将会得到更多的财富。之后，约瑟夫·舒尔曼又被另一任 CEO 取代，而桑德拉继续留任，她是幸存者，但很可惜，我认为她不会再与叔叔周仰杰来往了。

传奇或许不会结束，我们可以从中学到很多：

1. 风险投资、私募股权和首次公开募股，对新生的奢侈品牌来说非常重要，因为行业集团并不总是愿意冒险收购小品牌。

2. 杠杆收购有风险，公司会承受压力，但也会给管理层带来创造奇迹所需的额外动力。

3. 在类型众多的奢侈品牌中，Jimmy Choo 在许多方面都与爱马仕截然相反。有人会说 Jimmy Choo 在营销上很成功，只能算是高级品而非奢侈品。事实或许是这样，但至少目前该品牌是成功的。

4. 对时尚设计师来说，从定制向成品的转变并不容易，如果自己没有商业头脑，就应该找一个可以完全信任的商业伙伴。

JAY-Z 旗下香槟品牌

路威酩轩集团（LVMH）收购了美国说唱歌手 JAY-Z 旗下香槟品牌 Armand de Brignac Champagne 50% 的股份。在这次并购交易的背后有一个非常有趣的故事，故事中最重要的角色就是 JAY-Z。

JAY-Z，原名肖恩·科里·卡特（Shawn Corey Carter），美国说唱歌手、唱片制作人和商人，2008 年与著名歌手碧昂丝结婚。

JAY-Z 是有史以来美国最具影响力的嘻哈艺术家和说唱歌手之一，曾获得 22 项格莱美奖。2019 年，他正式成为第一位嘻哈歌手亿万富翁。

他在商业上的冒险重新定义了美国嘻哈音乐文化，为他塑造了成功的形象，2010 年 JAY-Z 与沃伦·巴菲特会面时，给他留下了深刻印象。

卡森·迪恩（Kasseen Dean），又名 Swizz Beatz，是 JAY-Z 几部热门作品的制作人（如 *On To The Next One*、碧昂丝作品 *Upgrade U*），他将 JAY-Z 视为一个模特，他认为 JAY-Z 比嘻哈音乐更强大。"这是我们义化的蓝图。"他说，"JAY-Z 现在已是个亿万富翁，想象一下未来他将成为什么样的人，因为此刻他才刚刚开始。"

JAY-Z 经营的业务包括创办 Roc Nation 娱乐公司、创立干邑品牌 D'Usséa（后被百加得 Baccardi 公司收购）、收购美国音乐流媒体服务商 Tidal，当然还有他的香槟品牌 Armand de Brignac Champagne，他还收藏让·米歇尔·巴斯奎特（Jean-Michel Basquiat）的街头艺术作品。夫妻二人拥有数处豪华地产，如价值 2600 万美元的东汉普顿豪宅、价值 8800 万美元的贝尔

艾尔房地产，以及位于纽约的特里贝卡阁楼。

JAY-Z 为什么要收购香槟品牌？他是如何使它成为一个标志性的奢侈香槟品牌的？

直到 2006 年，JAY-Z 和其他多位说唱歌手都曾在其 MV 中支持 Louis Roederer 出品的 Cristal 香槟。该香槟品牌的一位高管在被记者问及他对 Cristal 香槟在说唱歌手中受欢迎程度的看法时说："我们能做什么？我们并不能禁止人们购买。"

这个不恰当的回答迅速在嘻哈社区中传播开来，被一些人认为是种族主义，特别是 JAY-Z，他开始呼吁抵制该品牌，并停止在歌曲中宣传该品牌。2006 年他选用了一个他喜欢的新品牌黑桃 A 香槟（Armand de Brignac Champagne）独特的金瓶子拍摄了 *Show me what you got* 的 MV，并称之为"黑桃 A"（Ace of Spades）。

JAY-Z 否认自己扮演过任何品牌大使的角色，而只是担任了一个鉴赏家、一个引领潮流的人，他确定了 Cristal 香槟的继任者。可以肯定的是，当年他购买了该品牌 50% 的股份，并在 2014 年获得了全部股权，继续在粉丝圈通过歌曲和 MV 进行宣传。该香槟的售价和销量都有所增加，2019 年产量达到了 50 万瓶，对他来说，这是一项成功的投资。

此举提醒我们，美国的嘻哈音乐艺术家和他们的粉丝经常在推广奢侈品牌方面发挥作用，特别是干邑和香槟，因为这些品牌与他们的奢侈生活方式和夜生活有着天然的联系。

那么黑桃 A 香槟（Armand de Brignac Champagne）到底是什么样的品牌呢？黑桃 A 香槟以其金属瓶身而闻名，事实上这是一个既有着古老传承又非常年轻的品牌，该品牌由卡蒂埃（Cattier）家族在法国 Chigny-les-Roses 小镇创立，卡蒂埃（Cattier）家族经营该品牌已有 250 多年的历史。

20 世纪 50 年代，Jean-Jacques Cattier（家族第 12 代后裔）将他母亲 Nelly Cattier 正在读的一本小说 *M.De Brignac* 中的人物名字 De Brignac 注册为未来的新葡萄酒的名字。

2000 年，Jean-Jacques Cattier 决定采用这个特殊的名字命名一批特酿，以此向他的母亲致敬，这就是此款香槟诞生的故事。

卡蒂埃家族总部位于法国兰斯山脉地区，家族拥有 33 公顷的葡萄园，该地区遍布着备受赞誉的香槟酒庄。Jean-Jacques Cattier 和儿子 Alexandre 打造了黑桃 A 香槟的声誉，他们的梦想就是创造一款品质卓越的香槟。

该品牌的香槟包括最具标志性的奢华黄金版黑桃 A 香槟，由来自不同年份的基酒调配而成，包括粉红香槟、半干型香槟、白中白香槟和一款黑中白限量版香槟，这几款香槟都是由最好的黑比诺葡萄酿造而成的。

每一只金属酒瓶都是手工制作的，使用法国锡制标签，抛光后装在一个木制喷漆礼盒中。每个工匠每小时只能手工制作完成 20 瓶，每一只瓶子都是独一无二的。

黑桃 A 香槟采用尊贵香槟酒庄中收藏品的最大容量规格盛装，从 1.5L 到极为罕见的 30L，都是为特殊订单而定制的。

路威酩轩集团是如何以及为什么投资 JAY-Z 的，黑桃 A 香槟的未来是什么？

这项收购意愿是 JAY-Z 和音乐制作人 Kanye West 在巴黎旅行时，与路威酩轩集团掌门人贝尔纳·阿尔诺（Bernard Arnault）的儿子亚历山大·阿尔诺（Alexandre Arnault）讨论后初步达成的。此后，贝尔纳·阿尔诺及其儿子，以及集团旗下酒业品牌酩悦·轩尼诗（Moët Hennessy）总裁 Philippe Schaus 在 JAY-Z 洛杉矶的家中多次商讨后，最终达成了此项收购交易。

JAY-Z 在宣布这笔交易时表示，与路威酩轩集团的合作将有助于该品牌的发展。他相信，酩悦·轩尼诗（Moët Hennessy）全球分销框架的力量，其无与伦比的投资组合实力，以及在发展奢侈品牌方面的卓越优势，将赋予黑桃 A 香槟进一步繁荣所需的商业实力。

Phillippe Schaus 证实了该项收购并补充道："多年来，我们一直在关注黑桃 A 香槟取得的巨大成功，并赞赏他们挑战香槟品类某些规则的能力：黑桃 A 打破了陈规，体现了当代奢华，同时保留了香槟风土的传统。"

除了经济逻辑之外，我觉得特别有趣的是，这项交易证实了奢侈品牌与不断演变的消费文化之间保持关联的重要性。香槟也是如此，香槟是一种享有盛誉的葡萄酒类别，但在很大程度上仍然是传统的。在这里，与 JAY-Z 的合作则展示了欧洲奢侈品牌关注黑人艺术家和嘻哈文化，以吸引更年轻、更多元化客户的决策。

Supreme

路威酩轩集团收购 Tiffany 是一个很棒的商业决策吗？

Tiffany 与 JAY-Z ＆ 碧昂丝（Beyoncé）合作的广告反响如何？

Tiffany 和潮牌 Supreme 的合作怎么样？

让我们来解码"全新 Tiffany"。

Tiffany 曾发起一场广告宣传活动，主题为"不是你妈妈的 Tiffany"，这是自路威酩轩集团收购 Tiffany 以来，首次发起的品牌重塑行动。

紧接着，第二个名为"关于爱"的活动邀请了碧昂丝（Beyoncé）和 JAY-Z，推出了巴斯奎特的画作和一颗 128.54 克拉的黄色钻石。

据《时装商业评论》称，这是对"新美国梦"的致敬，因为巴斯奎特的作品经常涉及种族主义和阶级斗争。对碧昂丝来说，这也是一种赋权的象征，她成为世界上第四位佩戴价值 3000 万美元 Tiffany 钻石的女性（第一位黑人女性）。

我认为，这是对经典进行创新，为品牌注入现代气息的好方法。把碧昂丝这张照片同奥黛丽·赫本在电影《蒂芙尼的早餐》中的经典照片联系起来，你会看到她们都穿着小黑裙。

此外，Tiffany 通过这对明星夫妇成功又不免起起落落的情感关系，赋予"爱和婚礼"这一经典概念一个现代的呼应。

这颗重达 128.54 克拉的黄色钻石，让我们想起了 Tiffany184 年的品牌历史。你还应该注意到，巴斯奎特于 1982 年创作的这幅画作的颜色与 Tiffany 标志性的蓝色盒子非常相似。

Tiffany 推出了风趣诙谐、天马行空又甜美浪漫的广告片《约会之夜》，其灵感源于电影《蒂芙尼的早餐》中的经典场景。广告片以纽约为背景，画面中碧昂丝坐在一辆劳斯莱斯的后座上穿越曼哈顿为广告片拉开序幕，碧昂丝依偎在 JAY-Z 身旁，手握黄色雏菊，玩着"他爱我，他不爱我"的游戏，夫妇二人同享比萨饼和黑桃 A 香槟，享受着二人的亲密时光。

接下来 Tiffany 的第三个动作是：Tiffany 和 Supreme 围绕一个名为"Tiffany 回归"的饰品系列展开合作。该系列包括银饰和珍珠项链、手镯、耳环、戒指和钥匙扣，还有一款放在礼盒中的 Tiffany 标志性的蓝色 T 恤，礼盒上则印有 Supreme 的标识，其灵感来自 Tiffany 在 20 世纪 60 年代末创立的一个系列，其中包括钥匙环和刻有"请回到 Tiffany"字样的吊坠。此次 Tiffany 与 Superme 合作系列的核心产品是该品牌标志性的心形吊坠，上面写着"请回到 Supreme"。

该系列起售价为 54 美元，上限为 1250 美元，这是 Tiffany 的入门价位，它针对的是可能被 Tiffany 新代言人、模特海莉·比伯（Hailey Bieber）和篮球运动员凯尔·库兹马（Kyle Kuzma）所吸引的年轻人群。

此举肯定会引起争议，但不管你喜不喜欢，如果它能引起轰动，那就说明它已经成功了。

此次合作清楚地表明，Tiffany 的新战略是吸引更年轻的受众，这也是现任副总裁亚历山大·阿尔诺（Alexandre Arnault）对品牌改革的策略。

　　亚历山大是路威酩轩（LVMH）集团主席 Bernard Arnault 的儿子，他目前是 Tiffany & Co. 的产品和传播副总裁。他曾担任 Rimowa 品牌的首席执行官，也曾与 Supreme 合作。他还帮助路威酩轩集团与美国说唱歌手建立联系，他也参与了路威酩轩集团对 JAY-Z 旗下香槟品牌的部分收购。

　　如果一个奢侈品牌想要成功地接触到 Z 世代和千禧一代，那么品牌必须信任他们并赋予他们权力。我认为，所有想要吸引中国年轻消费者的品牌，都应该在未来几年的管理团队中，为千禧一代甚至 Z 世代腾出更多的空间。

Chapter 8

第八章

体验式奢侈品的兴起

The rise of luxury
experience

引言
Introduction

从传统上来说，奢侈品行业主要集中在时尚与配饰、手表与珠宝以及美容领域。这些传统的奢侈品领域其实就是我们通常所说的个人奢侈品，这类奢侈品主要受个人所有权的驱动。

除了个人奢侈品，还有顶级豪华汽车以及名酒领域，这两个领域通常被定义为"以体验为主的奢侈品领域"。尽管这两类产品仍然是商品，但它们更多的是作为体验式奢侈品出现。豪车的乐趣不仅在于所有权，还在于驾驶的乐趣。同样，尽管名酒可以在购买后保存一段时间，但它们大多数时候会在某个时刻被"消费"——无论是在酒类商店购买之后饮用，还是在酒吧或餐厅里即刻品尝。

其他一些通常被归类为体验式奢侈品领域的，如豪华游艇与私人飞机旅行、奢华列车出行、奢华旅游、奢侈酒店、餐厅、酒吧等，它们无关乎所有权，没有实体产品，纯粹关乎体验。

在过去的 10 年中，分析人士观察到，奢侈品行业中消费者的行为模式和动机发生了变化，从"所有"转变为"体验"，偏爱"存在"而非"拥有"，这反映了许多高净值人群的消费模式逐渐由购买和拥有奢侈品转向奢侈品体验式消费。

奢侈品体验式消费兴起，这一趋势或将成为主流，并呈现多元化特征。继续经营个人奢侈品的奢侈品牌应关注这一消费行为的演变，注重店内奢侈购物体验，投资于更好的服务、客户参与度，使门店更具体验性。但这些还不够，因此一些奢侈品牌越来越多地开展跨界合作，与体验式奢侈品牌融合，通过不同品牌的协同联动来开拓市场，包括葡萄酒和烈酒、美食品牌，以及纯粹的体验型领域，如奢侈酒店、餐厅、酒吧等。

这些品牌战略还包括延伸到诸如以奢侈休闲活动为主的奢侈生活方式来开拓市场，例如冬季滑雪、夏季海滩活动等。

路威酩轩集团（LVMH）是一个很好的例证，通过开发白马庄园度假酒店，以及收购贝尔蒙德酒店和奢华列车来开展奢侈酒店业务。本章将探讨一些基于体验的奢侈品、奢侈酒店，以及奢华休闲活动（如滑雪）的优秀案例。

香槟
Champagne

法国人为什么那么喜欢香槟？

因为它不仅是来自法国香槟地区的优质起泡酒，更是一种情感、一种欲望、一种生活方式以及一种欢乐和幸福的承诺。当法国人听到让他们高兴的好消息时，经常会说"Champagne"（香槟），这表明他们把香槟与庆祝伟大时刻联系在一起。

香槟也是成功和精致的象征，这与它的历史有关。它出现在 17 世纪的法国，在凡尔赛宫受到国王路易十四的青睐，后来从欧洲的宫廷和贵族，再到俄国沙皇都成为其拥趸。香槟成为法国精神的象征，它的声誉在 19 世纪继续传播，一直延续到"美好年代"（Belle Époque）和"咆哮的 20 世纪 20 年代"（Roaring Twenties）。

在香槟的历史上，它总是和聚会、婚礼、生日、舞会等各类庆祝活动联系在一起，这是有原因的：香槟的泡沫与清爽和泡腾感会让饮者有点头晕，营造出愉悦、诱惑的感觉。

20 世纪 60 年代，香槟变得更加亲民。如今，它在奢侈葡萄酒和烈酒行业中占据着非常重要的地位。这就是为什么今天的香槟酒庄出品的香槟不仅是用来庆祝的，它更是一种享受，一种你可以在午餐或晚餐之前、之中或之后享用的美酒，因为它与各种美食都可以搭配得很自如。

就我个人而言，我喜欢在饭前喝香槟，例如在饭前与牡蛎和海鲜搭配。我也喜欢在整个用餐过程中享用香槟，而不是混合饮用不同的葡萄酒。

香槟的风土指的是什么呢？

香槟区是世界上最受管制的葡萄酒产区之一，只有在法国香槟区用指定葡萄品种和方法酿制的起泡葡萄酒才能称得上是香槟酒。该地区位于巴黎以东 160 公里的兰斯和埃佩尼附近，那里种植的主要葡萄品种为霞多丽、黑比诺和梅尼埃比诺。

解释一下风土的概念以及香槟风土的独特之处吧，香槟的风土结合了独特的元素。

首先是气候。香槟区受海洋性气候和大陆性气候的双重影响，年平均温度为 11℃（相比同纬度的其他地区偏高），且每年的温度较稳定。

其次是地形。香槟区的主要地形是坡地，有良好的排水性能和充足的阳光照射。

最后是土壤。底土主要为石灰岩，尤其是白垩土，白垩土对葡萄成长非常有利，这种土壤可以很好地保留水分，同时白色还有反光的效果，能够提高葡萄的成熟度。

由于土地的不规则特性，香槟区有无数个微型葡萄园，每个葡萄园都有其独特的气候、地形和土壤组合。生产商将不同年份、地块、葡萄品种的基酒混合，因此，调配的艺术是香槟的关键，除了年份香槟之外，大多数香槟都是混合制品，酒庄酿酒师通过调配创造出独一无二的香槟，表达自己的理念与风格。

再看看香槟的生产过程和气泡的来源。在葡萄尚未完全成熟的时候（以保留一定的酸度）将其采摘下来，此时的葡萄含糖量低，总酸度高。

香槟第一次的发酵方式跟普通葡萄酒相同，这时得到的基酒经过调制混合成为特酿（cuvée），即由不同年份、不同葡萄园的基酒调配酿制而成的香槟。

经过第一次发酵、调配和装瓶后，酿酒师会向基酒中添加由酒液、糖分、酵母、酵母营养物质以及澄清剂等混合而成的再发酵液（liqueur de tirage）。

装瓶后的葡萄酒在恒温恒湿的酒窖中陈放，而无年份香槟至少要陈酿 15 个月，年份香槟通常要陈酿 6~8 年。瓶内的酵母会逐渐死亡并形成酒泥沉淀，为去除沉淀物，将酒瓶非常缓慢地在架上以 35°的角度进行为期两周的转瓶除渣"Riddling"（法语称为 Remuage），让酒泥自然聚集到瓶颈处。对传统品牌来说，这道工序仍是由人工完成的。如今，很多品牌已实现机械化。清除沉积物的过程被称为"吐泥"（法语为 dégorgement）。

最后一步是向瓶中添加调味液，加入的糖分含量决定了香槟的最终甜度，之后将酒瓶用软木塞封口后，盖上铝盖，再用铁丝网进行加固。

法国香槟年产量约为 3 亿瓶，由于葡萄采收产量的限制，香槟产量无法大幅增加，因此各品牌倾向于提高质量和价格。

香槟区大约有 360 家香槟酒庄，其中最大的一家是路易威登集团旗下的酩悦酒庄（Moët & Chandon），还有唐培里侬（Dom Perignon）、库克（Krug）、凯歌（Veuve Cliquot）、梅西耶（Runard&Mercier）酒庄。其他大品牌酒庄有保乐力加（Pernod Ricard）、玛姆（Mumm）、巴黎之花（Perrier Jouët）、罗兰百悦（Laurent Perrier）、岚颂（Lanson）、伯瑞（Pommery）、路易王妃（Louis Roederer）、泰丁歇（Taitinger）、堡林爵（Bollinger）等。也有很多小酒庄，虽然在国际上不太有名，但通常出品都很优质，价格也比较便宜。

如果你去法国旅行应该去参观一些香槟酒庄，它们非常受欢迎，你可以参观酒庄令人惊叹的地下酒窖，品尝美酒，然后以很合适的价格购买。我经常陪同复旦大学 EMBA 学员参观酩悦酒庄（Moët & Chandon）和凯歌酒庄（Veuve Cliquot），作为他们的法国奢侈品学习之旅的一部分。

香槟确实是一种奢侈品，以库克（Krug）酒庄为例，它是顶级豪华香槟酒庄之一。库克陈年香槟（Krug Grande Cuvée）每年都被重新打造，已超越葡萄酒的概念：它由来自 10 个年份甚至更多年份的 120 款基酒调配而成，通过这种精心的调配艺术所呈现的此款香槟风味丰富，香气复杂，分外优雅。

我在法国花费约 1500 元人民币购买的这瓶酒，在瓶子的背面印有 Krug ID 编号，为六个数字。在库克香槟官网或应用程序上输入 Krug ID 编号，就能查到这款酒由哪些年份、哪些品种及哪些地块的浆果混酿而成，以及关于这瓶酒的故事、食物搭配建议、理想储存建议、音乐搭配建议，以迎合每个库克香槟爱好者的品位。

库克酒庄认为，香槟酿酒师（法语称为 chef de caves）就是一位艺术家，也是一位交响乐团的指挥家，这个乐团由 120 名音乐家（120 种不同的基酒）组成，共同创作并演奏交响乐。正因如此，酒庄每年为世人重现独特的库克陈年香槟（Krug Grande Cuvée）。

白马庄园
Cheval Blanc

路威酩轩集团（LVMH）创建豪华酒店品牌白马庄园（Cheval Blanc）是为何？又是如何经营的？

当体验式奢侈品比以前更为重要，消费者的消费诉求从所有权转移到获取和体验，路威酩轩集团希望为其最苛刻的客户提供最高水平的奢侈品体验和奢侈服务。

路威酩轩集团并没有从头开始创建一个新品牌，而是决定重新打造在豪华酒店领域较有话语权的现有品牌白马庄园（Cheval Blanc）。

自 1832 年以来，白马庄园（Cheval Blanc）一直是一个来自波尔多的奢侈品牌，1998 年至今，它成为路威酩轩集团旗下最负盛名的圣埃美隆（Saint-Emilion）产区的葡萄酒品牌之一。

在享有盛誉的波尔多葡萄酒中，白葡萄酒占有非常特殊的地位。19 世纪，最著名的波尔多葡萄酒都来自加龙河的左岸，那里分布着波仪亚克（Pauillac）酒区、圣特夫塔夫（St-Estephe）酒区、梅铎（Medoc）酒区、玛高（Margaux）酒区、圣朱利安（St. Julien）酒区。

白马庄园位于加龙河右岸。1947 年，庄园推出了一款传奇佳酿，并在 1954 年成为一级特等 A 级酒庄。20 世纪初，白马庄园成为最著名和最负盛名的圣埃美隆（Saint-Emilion）产区的葡萄酒品牌之一。

庄园位于圣埃美隆（Saint-Emilion）产区西北部，紧挨波美侯（Pomerol）法定产区，其独特的地理位置和独特的土壤成分（具有同等比例的砾石和黏土）保证了白马庄园的美味品质，承载了圣埃美隆产区和波美侯产区的最佳属性。

白马庄园酒店品牌更迭之路

1832　　⟶　　**2006**

2011 年，路威酩轩集团与著名建筑设计师克里斯蒂安·德·波特赞姆巴克（Christian de Portzamparc）共同完成白马庄园大型建筑和翻新项目，取名为"山岗下的酒庄"（The winery under the hill）。当一切准备就绪，集团将白马庄园品牌顺利延伸到奢侈酒店领域。

路威酩轩集团及其创始人贝尔纳·阿尔诺向世人传达了对奢侈酒店的理解方式，以及如何定义一个既具有创造性、创新性又符合路威酩轩集团卓越标准的奢侈酒店概念。

2006 年，集团在法国阿尔卑斯山滑雪胜地库尔舍瓦勒购买了一座漂亮的房屋，并对其进行了全面翻新，并在这里精心开发奢侈酒店。

2012 年后，酒店经营取得巨大成功，集团宣布将推出一系列由 LVMH Cheval Blanc 酒店管理部门管理的超豪华酒店。

要了解白马庄园（Cheval Blanc）背后的奢侈理念，让我们先来看看该品牌的网站。该网站的布局强调奢侈体验和品牌的法式奢侈生活根源，使用了与传统豪华酒店略有不同的宣传用语：

- 不用 Hotel（酒店）或 Resort（度假村），而是用 Maison（庄园）；

- 不用 Food（食物），而是用 Culinary arts（美食艺术）；

- 不用 Menus（菜单），而是用 Culinary journeys（美食之旅）；

- 不用 Room service（客房服务），而是用 Carte Blanche（全权委托）；

- 不用 Spa（水疗），而是用 Wellness area（健康区域）；

- 不用 Experiences（体验），而是用 Emotions（感触）；

- 不用 Greeting（问候），而是用 Art de recevoir（接待艺术）；

- 不用 Hotel staff（酒店员工），而是用 Maison's Alchemists & ambassadors（庄园大使）。

白马庄园反映了真实的品牌 DNA，主要体现为 4 个关键要素：

- 工艺：细节感被推向极致；

- 独家隐私：房间数量保持在最低限度，感觉像住在一幢房子里（40 ～ 60 间客房、套房或别墅）；

- 创意：传统视觉代码被大胆和现代性重新诠释；

- 艺术设计：独特的奢华和个性化服务，以及法式礼仪。

　　让我们来了解高雪维尔白马庄园酒店（Cheval Blanc Courchevel）的设施：

- 客房（Rooms）；

- 豪华高级客房（Deluxe superior room）；

- 餐厅（1947 Tryptique）；

- 护肤与健身（Beauty and wellness）；

- 艺术（Art）；

- 滑雪服务（Ski services）；

- 奢侈商店（Luxury stores）；

- 儿童（Children）；

- 其他（attentions）。

豪华列车
Luxury trains

东方快车之旅，可以解释奢华列车为何能成为奢华旅行方式的未来。

火车诞生于 18 世纪的英国，当时仅用于运输商品、煤炭和钢铁等。1830 年，欧洲和美国首次出现了客运火车。1850 年至 1900 年，随着国际贸易和旅游的发展，铁路建设和大型火车兴起。1883 年，美国南太平洋铁路连接起路易斯安那州的新奥尔良市与加利福尼亚州的洛杉矶市，创建了美国第三条横贯大陆的铁路，为著名的"西进运动"做出了贡献。

早在 1876 年，中国就在上海对货运火车进行了测试，但慈禧太后反对修建铁路，担心噪音会破坏土地气脉。

1897 年，沙皇俄国在中国东北开始兴建中东铁路，连接起著名的西伯利亚铁路，可以从莫斯科一直通往北京、上海，直至香港。从地图上可以看出，欧洲人是可以乘火车从莫斯科和西伯利亚到达北京和香港的。

火车的历史也与奢华酒店的发展有关，奢华酒店通常建在火车站附近，有时甚至是由铁路公司资助的，以方便奢华旅行者出行，这也是香港半岛酒店建在九龙，而不是市中心的原因。

1905 年，法国国家铁路公司在北京修建了六国饭店，用来接待搭乘东方快车抵达北京的欧洲旅客。

1864 年，乔治·普尔曼发明了卧铺车厢，奢华列车开始在美国运行，列车配有时尚的卧铺车厢和由美国知名厨师掌厨的餐车，这是 19 世纪奢侈旅行的方式。

第一列颇具传奇性的奢华列车是 1883 年在欧洲制造的"东方快车"，由巴黎开往君士坦丁堡（现伊斯坦布尔）。

东方快车是一个神话、一个传奇，始终与奢华列车的历史和奢侈生活方式联系在一起。我经常讲，奢侈品牌成功的秘诀是要打造强大的梦想因素，使自己成为一种传奇。我们来看看东方快车是怎样做到的。

东方快车的故事始于 1876 年，一位富有的比利时投资者乔治·纳杰麦克受到美国普尔曼奢华列车的启发，创立了一家国际卧铺列车公司，在欧洲经营奢华卧铺列车和餐车业务。

1883 年，"东方快车"正式运营，其目标是让旅客轻松穿越欧洲，从巴黎直通君士坦丁堡，即现在的伊斯坦布尔，这在当时还是一个梦。

最初，旅客们必须要反复登上保加利亚的渡轮才能穿越多瑙河，然后再在黑海上航行。而在 1889 年，东方快车的出现终于使巴黎直通君士坦丁堡成为可能，3000 公里的路程仅需约 3 天时间就可到达。

东方快车就像一座豪华酒店，卧铺车厢和餐车提供了最高水准的服务，与当时艰苦的旅行条件形成了鲜明对比。其卧铺车厢在 1900 年的巴黎万国博览会上亮相，权贵精英们甚至可以购买专属于自己的车厢，请设计师按自己的要求改造成个性化的豪华空间。

东方快车的黄金发展期是在 1890 年至 1914 年之间的"美

好年代"[1]（Belle Époque）。由于科学进步和奢华旅游业的发展，欧洲精英们生活得欢愉而乐观，路易·威登旅行箱是他们出行的首选。顺便一提，2010年，路易·威登上海时装秀场上便搭建了火车站布景，乘坐在 LV 号列车上的模特提着各种路易·威登箱包登场。

君士坦丁堡则是另一个梦想因素，因为它是通往东方的大门，因此这趟列车被称为东方快车。这是一个充满异国风情而又国际化的终点站，土耳其人、希腊人、亚美尼亚人和犹太人等都生活在这里。国际卧铺列车公司在伊斯坦布尔建造了著名的佩拉酒店，供旅客抵达后入住。伊斯坦布尔锡尔凯吉火车站（1891 年建造）是东方快车的终点站。

东方快车的第二个黄金发展期是在法国的"疯狂年代"（Années folles），即 1920-1930 年代，是两次世界大战之间最为旖旎的十年。

当时，东方快车成了丑闻、间谍活动、风流韵事和谋杀案的代名词，乘车旅行并不是没有风险。1929 年，列车因大雪被困在土耳其的一个小车站整整五天，这个事件成了阿加莎·克里斯蒂于 1934 年创作的小说《东方快车谋杀案》的灵感来源，不过，她将故事发生地改在了南斯拉夫。小说中，有十多名旅客被怀疑参与了谋杀，侦探赫尔克里·波洛发现，这些旅客为了一个正义的目的集体参与了谋杀，因为死者实际上就是一名罪犯，而他们想为他过去犯下的罪行复仇。

另一部电影则展现了列车上的间谍故事，那是 007 系列影片之《俄罗斯之恋》，影片结尾，主人公詹姆斯·邦德与塔蒂亚娜·罗曼诺娃一同在伊斯坦布尔登上了东方快车。

---

[1] 美好年代（Belle Époque）：指从 19 世纪末开始，至第一次世界大战爆发而结束。美好年代是后人对这一时代的回顾，这个时期被上流阶级认为是一个"黄金时代"，此时的欧洲处于一个相对和平的时期，随着资本主义及工业革命的发展，科学技术日新月异，欧洲的文化、艺术及生活方式等都在这个时期发展且日臻成熟。

如今，为什么奢华列车又流行起来？

精英阶层的旅行者始终追求新鲜的、个性化的奢华旅行体验，因此，路威酩轩集团收购了贝尔蒙德集团（以前称为东方快车集团），该集团旗下拥有全球35家顶级豪华酒店，还运营着最豪华的列车路线，如威尼斯辛普伦-东方快车，这是传奇的东方快车的再生版，如今往返于巴黎、伦敦与意大利的威尼斯和维罗纳。

在路威酩轩集团的支持下，威尼斯辛普伦-东方快车重现了昔日的辉煌景象，最近还增设了3种新套间，设计风格体现了其名字所代表的三座城市巴黎、威尼斯、伊斯坦布尔的风味。列车以经典的装饰艺术元素、正装出席的晚宴、鸡尾酒和钢琴而闻名。豪华套间提供豪华双人床、大理石淋浴间、银质和水晶玻璃材质等高规格的奢华设施，全部由法国最好的工匠制造，当然还有私人晚宴和必不可少的香槟。

贝尔蒙德集团还经营东南亚—亚洲东方快车，路线从新加坡开往曼谷，其内部装饰灵感来源于1932年由玛琳·黛德丽主演的电影《上海快车》，列车上提供吉姆·汤普森（Jim Thompson）泰国丝绸、马来西亚刺绣和樱桃木镶板，在列车上享用晚餐需要穿晚礼服。

贝尔蒙德集团经营的其他奢华列车还包括英国普尔曼号、皇家苏格兰人号（游览苏格兰高地的绝佳选择）、安第斯山探险号、秘鲁赫拉姆·宾哈明号以及爱尔兰希伯尼安号等，都是设施非常奢华的列车。

还有其他传奇列车，如横贯西伯利亚的特快列车金鹰号（Golden-Eagle Trans-Siberian Express），从莫斯科开往符拉迪沃斯托克，已有100多年历史。

　　印度的大君快车（Maharajas Express），每节车厢都有一位私人管家，还有鲜花花环和欢迎仪式。大君快车的路线是为期八天的"印度遗迹"之旅，途经孟买、乌代浦尔、焦特布尔、斋浦尔、阿格拉和德里。

　　奢华列车有着良好的发展前景，它们展现的现代豪华视野，也许是对 21 世纪奢华旅行的最佳定义。

　　除了华丽的装饰、精美的食物、个性化的奢华服务外，奢华列车还能带来精神享受，让乘客们以一种尊重环境的方式来旅行。虽然奢华列车比现代火车速度慢得多，但这就像是乘客给自己发出的邀请，登上列车，在奢华的环境里放慢脚步、享受每分每秒、思考人生、与朋友交谈，甚至经历美妙的邂逅。奢华列车仿佛可以让时间暂停，甚至让人回到过去。

　　法国著名作家马塞尔·普鲁斯特的小说《追忆似水年华》所讲述的故事很长，很适合在奢华列车上阅读。

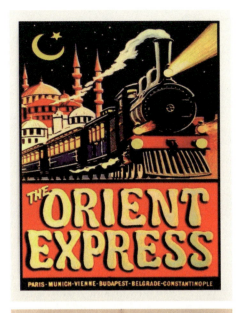

奢 · 简——我 的 奢 侈 品 牌 管 理 艺 术

滑雪
Ski

2022 年北京举办了第 24 届冬奥会，滑雪及其他雪上运动在中国越来越受到欢迎。

随着滑雪场的发展，越来越多的人都能享受到滑雪的乐趣，比如河北省张家口市崇礼区的多家滑雪场，从北京乘高速列车只需一个小时即可到达。还有吉林的长白山，我也在那里滑过雪。

如今的年轻人更喜欢单板滑雪，但我建议大家也可以学习双板滑雪，使用有固定装置的双板滑雪板。随着年龄的增长，你会从单板滑雪转向双板下坡滑雪，因为这样更舒适并且提供了更多的可能性。不过无论是单板滑雪还是双板滑雪，最好是在年轻时就开始学习，没有什么是不可能的。我的妻子 Lili 在学习双板滑雪时，就很喜欢。

对我来说，滑雪不仅是一项运动，也是我能想到的最愉快的娱乐活动之一。当我滑雪时，我身处于另一维度，我会飞，我歌唱，我快乐，我发自内心地微笑，我感到自由。随着心情变化，我滑动的速度加快或放缓，风和阳光拂过我的脸，我享受着美丽的风景。

滑雪一直是我生活的一部分，6 岁时父母带我去阿尔卑斯山滑雪，7 岁时我在滑雪学校获得了第一枚奖章。当我 18 岁时，我并不在乎下大雪或恶劣的天气，我只想享受滑雪时的每一分钟，从滑雪场开门直到关闭，每天 7 小时都可以在滑雪中度过。

今天的我仍然拥有同样的乐趣，滑雪的时候，我喜欢美丽的山脉、纯净的空气，喜欢阳光明媚的天气和柔软的雪。

我最喜欢的滑雪胜地是瑞士的达沃斯，它以其经济论坛而闻名，同时它也拥有一座巨大的滑雪场。

达沃斯拥有欧洲最长的滑雪坡，从最高点海拔 2850 米的帕森滑雪场滑下来，可以不停地滑 45 分钟，一直滑到海拔 800 米处的库布利斯村（Kublis）。

在达沃斯，我有时和一位熟悉该地区的教练一起滑雪，他让我偏离轨道，还教我一种新的滑雪技巧，叫作"雕刻"。他很了不起，他已经 74 岁了，曾获得瑞士滑雪冠军。

当你选择滑雪场时，你必须检查滑雪场的高度，有些滑雪道更多的是供初学者和中级滑雪者使用的（绿色和蓝色），供高级滑雪者使用的雪道是红色和黑色的。达沃斯拥有全部级别的滑道。

滑雪在世界上已经存在了 7000 多年，它甚至可能起源于中国新疆的阿尔泰山脉地区。

旧时，滑雪仅仅是一种交通方式，在冬季被大雪覆盖的地区，农民、猎人和军队都会滑雪出行。直到 19 世纪，滑雪才在挪威成为一项运动和休闲活动。到 19 世纪末，滑雪已经成为欧洲精英人士的奢侈休闲活动之一，火车的发展使他们能够到达山区的度假胜地。

登山运动在夏季很受欢迎，第一批山上度假胜地是围绕夏季活动和登山运动而建造的。

英国人对阿尔卑斯山的景色非常着迷，他们开创了阿尔卑斯山运动。第一批攀登了 30 多座瑞士山峰的人，就是 19 世纪到达瑞士阿尔卑斯山的英国人。

分享一个有关瑞士早期冬季滑雪的有趣轶事。1864 年冬天，圣莫里茨库姆酒店的老板约翰内斯·巴德鲁特（Johannes Badrutt）告诉来度假的英国客人这里的冬天更美，如果他们不相信，他会为他们支付住宿费用，由此，四个贵族家庭在此地度过了圣诞节，他们发现这里的冬天真的很美好。

之后，冬季车站接待的游客比夏季增多了。英国人喜欢运动和比赛，圣莫里茨是许多冰雪运动的发源地，不仅是滑雪，还有冰壶、艺术滑冰、冰球、雪橇，甚至"白草皮"赛马。

在瑞士和恩加丁地区的圣莫里茨，滑雪和其他冬季山地运动是令人向往的奢侈休闲活动。离恩加丁不远的滑雪胜地是克洛斯特（Klosters）和达沃斯（Davos），这两个城市都是英国皇室成员最喜欢的旅游胜地。

1924 年法国夏蒙尼冬奥会和 1828 年圣莫里茨冬奥会，让人们对滑雪比赛的兴趣不断增加。在欧洲，孩童时期是滑雪技能培养的关键时期，滑雪既是一种休闲活动，也是一项包括滑雪学校、比赛和排名的特殊运动。

瑞士仍然是滑雪运动设施最豪华的地方，在那里滑雪更昂贵，但不会那么拥挤，而且瑞士人非常有礼貌，且纪律严明。

我在瑞士喜欢的另一项活动是乘坐山地列车（cogwill），车站位于少女峰附近的旧滑雪胜地如圣莫里茨、达沃斯、泽马特、温根，乘坐山地列车可以直接舒适地从滑雪胜地到达瑞士独有的斜坡山顶。

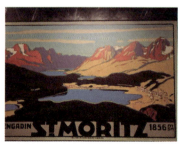

如今，法国阿尔卑斯山提供了比瑞士更多的滑雪机会，这里有著名的夏蒙尼斯站和伊泽尔谷站，还有阿尔卑斯山、阿尔茨山、拉普拉涅山、阿沃里亚兹山、梅吉夫山，当然还有世界最大的连体滑雪场，拥有 600 公里的斜坡，即使你在这里停留 7 天，你都永远不会在同一条跑道上滑雪两次。

法国、瑞士、意大利和奥地利都有着同样的阿尔卑斯山，阿尔卑斯山因其海拔高度为滑雪提供了最好的条件。在那里，大多数滑雪胜地提供的滑雪场地的最高海拔高度超过 2800 米，人们可以从 2800 米滑到 1400 米，这是雪山滑道质量和数量最好的地方。

美国科罗拉多州的阿斯彭附近也有令人惊叹的滑雪场，日本的山脉则有特殊的粉雪。

在山区的冬季活动不仅包括双板和单板滑雪，还包括野滑、雪鞋远足、滑冰、雪橇，甚至雪马骑行和雪马马车旅行，它们可以在夏季和冬季提升这些山脉的价值，使度假村和酒店能够在不同季节吸引游客。

在北京，许多年轻人平均会花一至两天的时间去滑雪，其实时间还可以更长一些。我希望他们能发现并享受冬夏季节在山上度假的时光，至少一周时间，这是我真正享受的最低限度。

中国可以在风景优美的山区开发拥有酒店、宾馆、商店和活动的大型山地度假胜地，像在欧洲一样，这些度假胜地可以吸引年轻人或家庭，并提供广泛的冬季冰雪活动，而不仅仅是滑雪。

在许多山区可以发展和推广这种生活方式，云南、新疆就是其中之一。希望滑雪和山地运动在中国迅速发展！

Chapter 9

第九章

奢侈个人品牌

Luxury personal
brand

引言

Introduction

品牌和个人有很多相似之处，奢侈品牌和杰出个人之间也有共通点。奢侈品牌管理的一些基本方法其实也可以用来打造个人品牌。

想想独特性的概念。奢侈品牌不断通过品牌 DNA 和标志性元素来增强自己的独特性。同样，个人也可以通过提升自己的独特性而从众人中脱颖而出，因此，个人品牌的打造也可以借鉴奢侈品牌管理的一些原则。

想想家族世袭的例子。那些因卓越成就而闻名的杰出个人，往往希望将家族的名望永远传承下去。这种做法和奢侈品牌追求永恒，传承其遗产的方式很像。以前是皇家贵族，今天则是像商业巨头这样的家族。

因此，将奢侈品牌管理的原则应用于名门世家的品牌塑造和声名维护是完全可行的。一个很好的例子就是肯尼迪家族，下一章将对此进行详细探讨。建立一个成功且有声望的家族需要时间，而后代则有责任维护这个家族的声誉。这不仅需要大量的努力，还伴随着许多责任。虽然新一代可能不会像前总统约翰·菲茨杰拉德·肯尼迪那样成功，但"肯尼迪"这个名字依然保持着声望和知名度。在欧洲，还有爱马仕家族、罗斯柴尔德家族以及其他许多类似的例子。

我还想提一下另一位仍然闻名于世的著名艺术家巴勃罗·毕加索。尽管他后代的知名度较低，但毕加索的卓越成就足以让他的名字长久不衰。

因此，杰出个人与奢侈品牌有许多相似之处，他们都能创造传奇，使家族名字拥有永恒的魅力。

在下一章中，我们还将探讨即便个人无法达到这些卓越家族的财富和知名度，他们仍然可以从奢侈品牌管理中汲取一些有用的技巧，以提升自己的个人品牌。

下一章还将讨论奢侈品行业在可持续发展和共享经济方面的未来展望。奢侈品牌在保护地球方面必须发挥带头作用，这一点至关重要。

肯尼迪家族
The Kennedy Family

肯尼迪家族有着惊人的命运和传奇。

众所周知，家族可以被视为品牌，肯尼迪家族就是该类品牌的绝佳案例，其奢侈的生活方式和精英地位吸引着全世界的注意力。这个家族是如何成为美国最强大、最富有的家族之一的？在约翰·菲茨杰拉德·肯尼迪总统之后，肯尼迪家族的第五代人在美国继续担任着大使、国会议员和参议员等职位。

肯尼迪家族人物神话般的个人特性、追求权力的强烈欲望，以及这个家族的兴衰成败和悲欢离合、波澜起伏的命运，可称之为一部壮观的家族史诗。

肯尼迪总统执政时期，被誉为卡米洛时代（Camelot）。卡米洛一词源于英国传说中正义、勇敢、追求真理的亚瑟王，亚瑟王的宫殿和城堡"Camelot"传承了其象征意义，当时的肯尼迪总统让人们看到了希望和理想所在。

肯尼迪家族堪称美国历史上最显赫、最古老、最有影响力的名门望族之一。

我读了很多书，看了很多关于肯尼迪家族人物的电影，关于约翰·肯尼迪和杰奎琳，关于罗伯特·肯尼迪和泰德·肯尼迪，关于他们的子孙后代，他们继续传承着家族传奇，但我在这里不是要重复这些历史，而是要为大家解析。

围绕着这个家族的魅力、金钱、权力和政治背后，肯尼迪家族的传奇教会我们许多方面的知识，比如命运和祖先、家庭教育、父母与孩子的关系、兄弟姐妹、家庭秘密、男女两性在家庭和社会中各自的作用等。

肯尼迪家族王朝的缔造者和开创者是什么样的人呢？

在大多数人的印象中，这段历史始于约瑟夫·肯尼迪和罗斯·肯尼迪（Joe and Rose Kennedy）这一代，他们是 9 个孩子的父母，包括约翰·肯尼迪（JFK）、罗伯特·肯尼迪（Bobby）和泰德·肯尼迪（Teddy）等。事实上，约瑟夫·肯尼迪和他的妻子罗斯（原姓菲茨杰拉德）已经是这个爱尔兰天主教移民家族的第三代，只有追溯到这个家族的前两代，才能更好地理解这个家族的命运。

肯尼迪家族传奇真正始于 1849 年 4 月，家族的开创者布丽奇特·肯尼迪与帕特里克·肯尼迪（Bridget and Patrick Kennedy）作为爱尔兰的穷苦百姓，为了谋生不得不漂洋过海，来到美国马萨诸塞州的波士顿市寻求生计。

女性在肯尼迪家族的历史上扮演着关键角色，布丽奇特·肯尼迪是一位具有非凡力量和韧性的女性。对这些贫穷的爱尔兰移民来说，生活是如此艰难和悲惨，她的丈夫在移民 9 年后死于肺结核，留下年轻的她与一子三女，没有住房，没有钱。

布丽奇特坚韧的性格改变了自己的命运，她开了一家杂货店，生活有了缓解。她的女儿们牺牲自己的学业来支持弟弟受教育，她们的弟弟是家里唯一的男孩，承载着布丽奇特对未来所有的期望。

布丽奇特唯一的儿子，也就是帕特里克·约瑟夫·肯尼迪（Patrick Joseph Kennedy），也被称为 PJ·肯尼迪，他在政治和经商生涯中取得了巨大成就，使肯尼迪家族在第二代就成为波士顿受人尊敬的中上层爱尔兰裔美国家庭。

当时的爱尔兰天主教移民在美国新教徒眼中是既富有又被大多数人所鄙视的少数群体。曾经的美国，反爱尔兰就业歧视现象十分严重，当时在招工广告牌上有一条很普遍的告示："No Irish Need Apply"（爱尔兰人不必申请），这个与祖先有关的典故，鞭策着这个家族世代献身于民权运动。

家族成功的关键是 PJ·肯尼迪的妻子，她名叫玛丽·奥古斯塔·肯尼迪（Marie Augusta Kennedy），她是一位坚强的女性，她为 PJ·肯尼迪生下两个女儿和一个儿子，这个男孩就是约瑟夫·帕特里克·肯尼迪（Joseph Patrick Kennedy），也被称为 Joe。父亲 PJ·肯尼迪和儿子 Joe·肯尼迪都生活在女性世界里。

1914 年，Joe·肯尼迪与另一个爱尔兰天主教移民家庭的孙女罗斯·菲茨杰拉德结婚，她的家庭背景对理解她在肯尼迪家族传奇中的关键作用至关重要。

罗斯·菲茨杰拉德的父亲约翰·菲茨杰拉德娶了另一个坚强的女人，他们生有两个女儿，他也是一个生活在女性陪伴之中的男性。

与只在地方政治领域有所建树的 PJ·肯尼迪不同，约翰·菲茨杰拉德是个不可思议的政治人物，也是这一代最成功的爱尔兰政治家。在美国国会获得三项授权后，他向美国总统介绍了自己的家庭，他两次被选为波士顿市长，他比其他人都明白，一个幸福的家庭是吸引美国人选票的最佳方式。

Joe·肯尼迪和他的妻子罗斯传给他们孩子的许多政治 DNA，都来自约翰·菲茨杰拉德。

罗斯接受了非常严格的天主教教育，这也是了解肯尼迪家族价值观和政治动态的关键。

Joe·肯尼迪和罗斯·菲茨杰拉德共育有 4 个男孩和 5 个女孩，他们对家族的抱负是无限的。后来被人熟知的身为家族族长的 Joe·肯尼迪的个性和职业生涯，对理解肯尼迪家族王朝的形成至关重要。

Joe·肯尼迪继承了他父亲的商业意识和对政治的兴趣，在第一次世界大战和第二次世界大战之间，他创造了惊人的财富，成为美国最富有的人之一。他从管理一家银行开始了自己的商业生涯，并很早就凭借惊人的金融投资技能和直觉成为巨富。

美国爱尔兰天主教少数派仍然受到占主导地位的 WASP（白人盎格鲁 - 撒克逊新教徒）的鄙视和排斥，这使他们更加渴望成功和脱颖而出。

20 世纪 30 年代，Joe• 肯尼迪嗅到了好莱坞的机遇，他凭借对 1929 年金融危机的直觉判断，不仅及时保护了自己的资产，还利用经济大萧条进行了商业和房地产投资。

他是利用家族信托的先驱，他的子女有多少，他就创造多少信托，并注入巨额资金，子女们成年后就可从信托基金领取利息，到他们 40 岁后就能够收回一半本金。通过这种方式，他保证他的 9 个孩子将永远不会有任何经济困扰。这一惊人的财富，将在未来为约翰• 肯尼迪（JFK）、罗伯特• 肯尼迪（Bobby）和泰德• 肯尼迪（Teddy）参加政治竞选提供资金。

但是，这一财富也让外界对 Joe• 肯尼迪夫妇产生了嫉妒和仇恨，原因有二。

首先，尽管 Joe• 肯尼迪是家族这一代最杰出的商人，但也是一个极具争议的人物，主要是因为他混乱的私生活和商业道德的缺乏。

其次，他一直乐于炫耀自己的财富：豪华房产、劳斯莱斯（Rolls-Royce）汽车和私人飞机，这种奢华的生活与占社会主导地位的新教文化形成鲜明对比，新教文化要求在金钱和财富的展示方式上更加谨慎。

Joe• 肯尼迪也继承了父亲对政治的兴趣，他效仿岳父约翰• 菲茨杰拉德，他在获得财富后的抱负是在美国政坛扮演一个重要的政治角色。在 20 世纪 30 年代中期新政期间，他与罗斯福总统关系密切，并在华盛顿政府任职。他在爱尔兰天主教选民中很有影响力，罗斯福总统很看重他，因为需要他的资金支持以赢得选民并再次当选总统。

1938 年，Joe·肯尼迪迎来了他职业生涯的顶峰，罗斯福总统任命他为美国驻英国大使，从这时起，肯尼迪家族被称为美国名门望族。得益于母亲罗斯的礼仪与教育背景，以及 9 个漂亮孩子的美好家庭形象，Joe·肯尼迪夫妇在伦敦取得了令人难以置信的成功。

Joe·肯尼迪的抱负是在罗斯福之后成为美国总统，但他犯了一个大错误——主张对德绥靖，他游说美国不要参加第二次世界大战。珍珠港事件引发了强烈的爱国运动，这一立场变得不受欢迎，之后美国向德国和日本开战，Joe·肯尼迪在政治上从此销声匿迹。

Joe·肯尼迪的政策未被采纳，离任后的他并不甘心，决心要让自己的儿子进入政界，寄希望于长子小约瑟夫，认为他是家族内最有可能成为美国总统的人。

Joe·肯尼迪和罗斯夫妇利用他们在教育、财富和影响力方面的全部资源，为孩子们铺平政治之路。

首先值得分析的是，Joe·肯尼迪和罗斯夫妇对 9 个孩子的教育方式。

肯尼迪家族的财富使他们能够在巨大的庄园里教育自己的孩子，比如纽约附近的布朗克斯维尔庄园、佛罗里达庄园或海恩尼斯港的避暑别墅，这些庄园有大片土地、花园、游泳池和 20 多间卧室，他们雇用了许多仆人、护士和女佣来照顾孩子。

Joe·肯尼迪和罗斯花费大量时间教育他们的孩子，让孩子们在社会中承担更高的责任，培养他们的好奇心和自信心，为此，夫妇二人共同发挥作用，相互补充。

作为 9 个孩子的母亲，罗斯负责照顾孩子们的健康、举止、性格、纪律和宗教价值观，同时也培养他们的知识和见解。比如，吃饭时她会没完没了地问孩子们有关历史、地理的问题，要求他们提前准备话题：坦桑尼亚位于非洲的哪个地区，你对它了解多少？孩子们从小就不断地积累知识。

当孩子们的父亲竞选波士顿市长时，罗斯一直陪伴着他，因此她知道家庭是最好的社会形象，美好的家庭形象是多么重要。由于肯尼迪家族很有名，他们经常在公共场合被要求合影，因此罗斯教孩子们永远保持微笑，展示出一个幸福的形象，并花了一大笔钱在牙医和正畸医生身上，让孩子们拥有好看的牙齿，这对肯尼迪家族的微笑是必不可少的。

当孩子们成长为青少年时，父亲 Joe•肯尼迪接管了他们的智力、政治和道德教育，增强他们的政治良知，激发他们日后履行最高的社会和政治责任的雄心壮志。他经常在午餐或晚餐前给他们发新闻稿让他们阅读，然后总是问同样的问题：如果你是美国总统你会怎么做？你将如何处理这些问题？

Joe•肯尼迪给孩子们最大的礼物，除了财富之外，是他赋予他们的权力感，尤其是对儿子们，他让他们成为世界的参与者，而不仅仅是观察者，让他们相信他们最终会在世界上留下自己的印记。儿子们年轻的时候就确信他们中将会有一人成为美国总统。

这种政治教育主要针对儿子们，但女儿们仍会受到影响。尽管 Joe•肯尼迪认为女儿们首先应该做好准备成为好的家庭主妇，支持她的兄弟，然后支持丈夫的事业，这在某种意义上是不公平的，但似乎女儿们没有这种感觉。

对姑娘们来说，她们的兄弟是衡量一切的标准。尤尼斯•肯尼迪回忆说，女孩们仰慕哥哥是正常的，但在我们家，这是比较极端的。对我们来说，他们是奇妙的生物，几乎像上帝一样，我们渴望取悦他们，作为回报，哥哥们以爱和深情的方式对待我们。

Joe•肯尼迪和罗斯也在孩子们之间，以及后来的孙子和堂兄弟姐妹之间建立团结友爱的关系，他们把孩子们变成一支永远互相支持的军队，把家庭的成功放在首位。后来，肯尼迪家族中的女孩们对她们兄弟选举的支持，成为肯尼迪家族成功的一个重要部分，男孩们从姐妹们的敬佩中获得力量和信心。

另一个领域是体育。Joe•肯尼迪和罗斯也有性别中立的价值观，他们花了很多金钱和精力把 9 个孩子培养成运动健将，令他们在大多数精英运动中都能轻松自如，比如网球、帆船、滑雪、骑马、棒球和足球。他们聘请教练来提高孩子们的运动技能，男孩和女孩们都在争做最好的运动员，家中经常组织大型足球派对。

肯尼迪一家尤其对海洋和航海有着极大的兴趣，夏天，他们在海恩尼斯港进行帆船运动，由最好的船长训练。在海恩尼斯港组织的帆船比赛中，孩子们在比赛方面都表现出色，他们通常会赢得大部分奖牌和奖杯。

但他们没有受到过管理自己、打扫房间、帮忙洗碗、整理衣服的教育，他们对这些事情都较为粗心大意，他们相信不管他们做什么，不管他们会制造什么样的混乱，总会有人来处理，跟在他们后面。他们被女佣宠坏了，他们认为在这个世界上，有比家务和整理自己更重要的事情去做。

虽然父母积极地开发孩子的智力，但他们的情绪却不那么活跃。罗斯关心她的孩子，但在心理和情感上与他们保持着距离，她很少爱抚他们，不拥抱他们，也不会表现出她的爱意。她经常独自前往欧洲，将孩子长期交给女佣照顾，由于新学校、生病等原因，孩子们经常面临困难时刻。

罗伯特•肯尼迪回忆说，13 岁时，他在一所偏远的学校进行了长达 6 个月的交换学习，回到家中，他渴望亲吻他的母亲，但当他走进房子看到母亲时，她看着他，好像这 6 个月他并没有缺席一样，她只是问他：罗伯特，你看到你的兄弟了吗？我正在找他们，然后便走出了房间。他对此深感悲伤。

他们从父亲那里感受到了更多的爱，但他大部分时间都是缺席的，并且父亲无法取代母亲。我认为，这种缺乏爱和情感支持的状况，迫使肯尼迪家族的孩子一方面变得独立和强大，但另一方面，也让他们在表达爱和爱护未来妻子和孩子方面存在弱点，历史往往会重演。

与此同时，Joe·肯尼迪和罗斯是天主教徒，信奉民主党的理想，相信社会正义，积极帮助他人。他们的教育培养了孩子们的信念，即他们应该为社会做出贡献，回报社会，特别是帮助穷人和弱势群体。

值得注意的是，家族中的大多数人献身于推动国会的社会改革，或作为促进 JFK 肯尼迪成为美国总统的力量，也为各种社会事业和慈善事业筹集资金。肯尼迪家族的女儿们也是如此，他们的子女和孙子孙女，即肯尼迪家族的第五代和第六代也是如此。

Joe·肯尼迪和罗斯教育孩子们要坚强、隐忍，从不抱怨。孩子们通常比其他同龄孩子病得更重，经常因为危险的体育活动和运动而折断胳膊和腿，但他们会依靠自己，因为无论如何没有人会在那里听他们的哭诉。凯瑟琳·肯尼迪记得，在他们家，疾病从来都不是什么大事。

Joe·肯尼迪和罗斯在他们所有的孩子身上培养了一种强烈的，有时甚至是过度的竞争精神。在肯尼迪家族中没有失败者的位置，Joe·肯尼迪重复道，我们想要成为赢家，排名第二或第三是不够的，重要的是要做到最好，不惜一切代价赢得胜利。为此，他毫不犹豫地推动他的孩子们接触新的活动、新的地方、新的环境。

这将极大地影响他们的命运和子孙后代，这种内在的感觉是，作为肯尼迪家族的一员，你必须做更多的事，采取更多的行动，始终站出来忠于家族 DNA，这样有时会给一些子女和孙子孙女造成过度的压力，同样这也能部分解释肯尼迪家族命运的原因。

家庭教育至关重要，对孩子的成长和成人之后的生活有着巨大的影响。Joe·肯尼迪和罗斯在孩子教育上的巨大投资蕴含着惊人的元素，很明显，没有这些，他们的孩子在事业上就不会取得如此成功，人们今天也不会对肯尼迪家族如此尊重。正是 Joe·肯尼迪和罗斯对后代的雄心壮志，成为肯尼迪家族崛起的起源，肯尼迪家族延续了三代。

但是，缺乏情感支持，在某种程度上尤其是缺乏母亲的爱，也可能是这 9 个孩子及其后代未来悲剧命运的根源。

平衡在教育中至关重要。心灵和身体的成长是重要的，但爱和情感至关重要。如果在童年时没有得到足够的爱，成年后往往会面临爱别人和表达爱的困难。

在肯尼迪家族成员的职业生涯中，家族中的孩子们都非常善于表达对社会和政治事业的爱和同情，但他们在表达对自己伴侣和孩子的爱方面都非常欠缺，这导致 9 个孩子的命运中都面对了难以置信的成功和悲剧。

成功和悲剧，从 Joe·肯尼迪和罗斯的第一个孩子开始。

Joe·肯尼迪希望他的长子小约瑟夫从政并成为总统，小约瑟夫 1940 年成为民主党全国代表大会的代表，并计划在战后竞选美国众议院的一个席位。第二次世界大战期间，他是一名海军飞行员，圆满完成了所有任务。不幸的是，1944 年他自愿参加一项极其危险的绝密任务，他因驾驶的轰炸机在飞行中爆炸而不幸身亡。我不禁想，他推动了自己的命运，永远渴望做得更多，表现得更多，是受这种战无不胜的信念和过度自信的驱使，所有这些都显示了肯尼迪家族教育的影响。

Joe·肯尼迪非常震惊，但他告诉其余的孩子们："生活必须继续。"然后，最大的期待就落到了约翰·肯尼迪的身上。

约翰是家中第二个儿子，他曾考虑从事记者职业，以满足父亲希望看到这个家庭参与政治的愿望。第二次世界大战期间，约翰在海军服役，并获得勋章。1947年至1953年，约翰代表马萨诸塞州在众议院任职，随后担任美国参议员，直到1960年当选总统。

约翰是家里最有学识的人，他和他的兄弟姐妹们有着相同的社会正义理想。但他身上带有家庭秘密：当他还是个孩子的时候，他险些死于猩红热，消化问题困扰了他一生。更为人所知的是他严重的脊柱和背部问题，这些问题是从大学踢足球时开始显现的，之后在战争中受伤后变得更严重。在1950年后情况变得非常糟糕，他接受了几次背部手术，大部分都没有成功。

他一生中，几乎每一天，特别是在他担任总统后，始终经历剧烈的背痛，并长期接受药物治疗。他的勇气令人钦佩，再次显示了他父母教育的影响，肯尼迪家族从不抱怨，他们无法逃避自己的命运。作为一名总统，由于他英俊、有魅力的外表，赢得了巨大的同情。他和妻子杰奎琳向全世界展示了一个美丽而成功的家庭形象，但现实又有点不同。

在政治上，他围绕古巴问题，以及在与赫鲁晓夫领导的苏联之间的冷战期间，表现出了弱点。

私下里，围绕这位美国历史上最年轻的总统的各种评价从未停止过，其中最为"著名"的当属层出不穷的绯闻，尽管当时被记者们所保密。

1963年，他在达拉斯遇刺的原因至今依然是一个谜。但他和杰奎琳创造了一个传奇——约翰·肯尼迪总统给自己的家族以及美国人留下了精神信仰。

约翰·肯尼迪遇刺后，家族中的第三个儿子罗伯特·肯尼迪接手了家族使命。罗伯特更年轻、内向、敏感，受天主教的影响，更富有同情心，这让他的父亲很担心，因为他觉得这个儿子太软弱了，不是合格的肯尼迪家族的一员。作为回应，罗伯特对外展现出一种强硬的性格，以掩盖他温和的内在。他像他的兄弟一样就读于哈佛大学，学习法律。1950 年，罗伯特·肯尼迪与埃塞尔·斯卡尔结婚，两人育有 11 个孩子。他相继任职司法部律师、参议院委员会律师和参谋长。

在赢得 1960 年总统选举后，当选总统的约翰·肯尼迪在其父亲的推荐下，任命其弟弟罗伯特担任司法部部长。哥哥被暗杀令罗伯特非常震惊，但他很快决定继续从政，他在约翰逊政府任职数月，于 1964 年离开纽约，竞选美国参议院议员并当选。他出国访问东欧、拉丁美洲和南非，倡导与社会正义相关的议题，并与马丁·路德·金、塞萨尔·查韦斯和沃尔特·鲁瑟建立工作关系。

1968 年，罗伯特·肯尼迪通过吸引穷困阶层、非裔美国人与西班牙裔、天主教徒和年轻选民，成为民主党总统候选人提名的主要候选人，他赢得提名和当选总统的机会很大。6 月 8 日他被暗杀时，他的妻子仍在孕中怀着他们的第 11 个孩子。1968 年，罗伯特·肯尼迪遇刺在全国掀起了第二波巨大的情绪波动。

人们意识到，悲剧已经成为肯尼迪家族历史不可分割的一部分。1944 年，小约瑟夫死后，肯尼迪家族中最美丽的女儿凯瑟琳，在 1948 年的一次飞机失事中丧生，当时，她正飞往法国南部，这一事件距离她年轻的丈夫、未来的德文郡公爵在第二次世界大战中丧生才两年多。

肯尼迪家族中的四个孩子不幸去世，只剩下一个男孩泰德·肯尼迪继续家族的政治追求。

这对泰德来说责任重大，他还必须抚养罗伯特的 11 个孩子和约翰的 2 个孩子，当然还有他自己的 3 个孩子。尽管他可以依靠所有家人和他的妹妹尤尼斯、帕特和珍妮的支持。

事实上，泰德拥有最长、最丰富的政治生涯，但戏剧性的是，他的个人问题在某种程度上玷污了他的形象。从积极的一面看，从 1962 年到 2009 年去世，他在马萨诸塞州担任参议员将近 47 年。他在多项法律实施方面发挥了重要作用，包括 1965 年的《移民和国籍法》、1971 年的《国家癌症法》等。他在参议员生涯中努力实施全民医疗，他称之为"我生命的事业"。

可能是因为确信自己必须提升到他的哥哥约翰和罗伯特的地位，他参加了美国总统的提名和竞选，但是失败了，因为 1969 年的查帕奎迪克事件玷污了他的个人形象，当时，他发生了车祸，并导致一名年轻女子死亡。肯尼迪家族命运的压力，使得家族成员总是要表现得更多，做得更多，做得更好，这可能是他酗酒的原因之一。不过，最终他成功地成为近四十年来业绩最为卓著的国会议员之一，尽了最大的努力来承担起作为肯尼迪家族成员的责任。

再谈谈肯尼迪夫人，特别是肯尼迪姐妹尤尼斯、帕特和珍妮，还有肯尼迪夫人杰奎琳、埃塞尔和琼恩。在某种程度上，她们对肯尼迪家族政治生涯的影响和支持至关重要，她们中的一些人，尤其是姐妹们，在慈善事业方面承担着高度的社会责任，她们值得特别的尊敬。

杰奎琳将永远占据一个特殊的位置，她仍然是肯尼迪家族的一部分，但她也通过在肯尼迪家族之外创造自己的传奇来保护自己的生命、利益和孩子。作为第一夫人，她的美貌和优雅、对艺术的热情永远不会被人们忘记，她真正改变了白宫的形象。美国人永远不会忘记他们夫妇的两个孩子卡罗琳和小约翰在白宫以及肯尼迪总统葬礼上的可爱形象，他们仍将是许多美国人的宠儿，但也不得不继承他们传奇般的父母留下的沉重遗产。

杰奎琳真的是一个奢侈和时尚的偶像，她的品位和自然的优雅、她对购物的无限热情、她的奢侈的衣服、鞋子和手袋，都是时尚传奇。

肯尼迪总统去世后，杰奎琳与备受争议的希腊亿万富翁亚里士多德·奥纳西斯结婚，这一举动震惊了美国。他们之间没有真正的爱情，但两人都对这段婚姻感兴趣，这段婚姻让杰奎琳在余生中获得了经济上的自由，同时也带给奥纳西斯受人尊敬的地位和社交舞台，他因娶了当时最有名、最优雅且比他年轻23岁的女人而感到骄傲。

为庆祝他们订婚，奥纳西斯送给杰奎琳一枚40克拉的海瑞·温斯顿钻石戒指。1996年她去世后，这枚戒指在拍卖会上以259万美元的价格售出。奥纳西斯让她在纽约和希腊之间过着独立的生活，经常在他的私人岛屿上度假，并乘坐他的游艇克里斯蒂娜号在海上巡航。

肯尼迪家族后代的命运如何呢？

约翰、罗伯特和泰德的孩子，没有受到与父母一样的教育，他们的父母忙于政治活动，由于肯尼迪的名字已经成为一个传奇，他们遭受了过度的公众曝光，因缺乏父母的爱，他们甚至比他们的父母更叛逆，一直生活在女佣和保姆的照顾中，被称为"Mademoiselles"（小姐）。

他们也拥有沉重的遗产，这就是为什么这些男孩在年轻时态度恶劣、沉迷于冒险、信心过剩的原因，他们中的一些人也经历了悲剧和过早死亡，比如肯尼迪总统的儿子小约翰，他与年轻的妻子在一次空难事故中双双坠机身亡。

肯尼迪家族的政治遗产仍在继续，在第五代及其子女中，有几位肯尼迪家族成员在国会和参议院当选，而其他人则继续尊重家族传统，为社会事业、可持续性和环境问题进行游说。较有前途的人物是乔·肯尼迪，他是罗伯特的孙子，曾在2013-2021年担任马萨诸塞州代表。而肯尼迪总统和杰奎琳的外孙约翰·施罗斯伯格，2015年毕业于耶鲁大学，并于2018年就读于哈佛大学。

尽管发生了如此多的悲剧，Joe·肯尼迪和罗斯留下的家族传统依然存在，并且很强大，肯尼迪家族至今仍是美国政坛最著名的家族。新一代人努力向他们的家族致敬，并遵循 Joe·肯尼迪的哲学：肯尼迪应该是赢家，当他们得到很多时，他们应该回报更多，在他们所做的事情上表现出色，延续家族社会价值观，与不公正做斗争，保护少数群体和弱势群体。

个人品牌
Personal branding

如何令自己很独特？如何在人群中鹤立鸡群？如何在面试中表现出与众不同的一面？

这与建立个人品牌有关。

年轻的时候，我常因为别人记不住我而感到沮丧，这种感觉很糟糕。我也不善于面试，甚至不善于结交朋友。我自信心不足，也找不到自我的定位，更不知道如何在群体中脱颖而出。

但是最终，我还是掌握了这些能力。同时，在我的人生中，作为品牌 CEO 和大学教授、项目总负责人，我也面试了成百上千名优秀的人才。所以，我现在很自信，我可以帮助年轻人掌握这些社交技巧，包括帮助他们在面试中脱颖而出的实用技巧，以及表达他们自己独特性的方法。

面试的时候要避免一些常见错误：

1. 不要试图取悦面试官。

2. 不要试图把自己变成你认为的面试官想找的人。

3. 不要把时间浪费在讲述你的简历上已经说明的事情上。

4. 不要急于表达，少说多听多观察。

为什么？因为大部分候选者都有相似的简历，如果我选择面试你，那么就说明我已经了解你简历上的职业技能和个人经历了。

如果所有应聘者都挑我想听的说，他们一定会说些相同的事情，对面试官而言这不但无聊而且也无从记住应聘者。我会花多一点注意力去听那些独特观点，即便他们的简历比较普通。

最后，如果你不认真听我的问题，非常着急于自我表述，你也会失去面试官的注意力。另外，也不要过于自满，当应聘者诚恳表达他们的弱点时，我也很喜欢。

怎样做才是正确的？

保持自我，但是要呈现出自己最好的状态：我想知道你真正是谁？你真实、独特的个性，你在生活中真正的兴趣所在，这些兴趣如何对你的工作以及你的行为举止产生影响。

当然，这并不容易。你可能认为，"我就是我自己，我没义务取悦你"。如果你这么想，就意味着你没有足够的自信，对自己还不够了解。

你必须要认识你自己、喜欢你自己、接受你自己，我在这个部分无法帮你，你需要自己努力。必要的时候，可以请你的朋友和家人帮忙。但是，我坦率地说，即便你了解自己，想在社会生活中取得成功或者在面试中脱颖而出，也是不够的。

因为到最后，最关键的环节依然是如何成功地让别人了解你、识别你、记住你。我相信你经常会想：为什么老板压根儿没注意到我？为什么他没能多了解我一些？他怎么就不能发觉我很优秀？

关键在于：传递独特性，做到高识别度，让大众过目不忘。

这部分我可以帮助你，虽然你是全世界 80 亿人中的一个，但你仍拥有独特的个性和独特的基因密码。所以，为了帮助大家记住你，你需要一些元素让自己与众不同。

不是所有元素都可以定义你，因为有些东西大众趋同，只有非常具体的特性才有助于令你独特。

这些特性，我称为"你的个人品牌 DNA"，它并不是你的身份证。我拿自己举个例子说吧，我很了解自己，有很多东西都可以定义我。

我很有热情，超爱工作，喜欢分享成果以启发大家。

我不是很有创意，但是我有很强的分析和综合能力。

我喜欢人，但有的时候也有点自私，我可以很大方，但我需要认可和爱。

我有很强的好奇心，头脑开放，但又相对传统，喜欢永恒经典超过不断变化。

我在市场及奢侈品、时尚、生活方式和历史方面不断积累知识，说到底我是个会讲故事的人。

我成长于欧洲文化背景下，但在 20 岁时爱上了美国，40 岁时又爱上了中国。现在我是一名教授，以前我是品牌 CEO，所以我不是一个纯粹的学术型学者。

我小的时候希望自己能成为一名演员……

这些自述太多、太笼统，如果我明天要在北京参加清华大学校长的面试，我会传递以下想要传递的个人品牌 DNA：

启发人心且充满热情的故事家 + 成功融合东西方文化 + 大方的分享者 + 讲课风格有舞台魅力 + 需要被认可。

但这些并不够，因为即使我发现这些特质是我独特的个人品牌 DNA，如果我不能在面试中很好地传递这些信息，也算是失败的！

所以，有时你的态度、你的表达方式、你的肢体语言、你的仪容仪表和着装风格，会传递出比你想象的还要多的信息。对面试官来说，这些都体现出应聘者对这次面试的态度。

特别提醒，要注意视觉元素的力量。原则很简单，你的视觉元素要与你个人想传递的个人品牌 DNA 风格一致。

它们要有统一性，它们应该是一致的，这会让你的个人品牌 DNA 更有力量、更真实，让面试官相信你就是你所说的那个人。如果你有创意，你应该通过语言表达出来。如果你是严肃而传统的人，也同样。细节决定一切！

同时，如果你希望在你的职业生涯中拥有高辨识度，不经常改变视觉风格是个聪明的做法。建立一个明确的公众形象，可以尝试去找一些造型、服装元素。你也可以找一张你特别满意的公关照片，长时间使用。

你看到的那些时尚名人，例如 Peter Marino、Karl Lagerfeld、中国设计师 Masha Ma 或陈安琪，他们都是非常有创造力的人，用独特的服装风格密码令大众记住他们。

我善于用视觉元素去传递我的个人品牌 DNA，为更快被大众记住创造便利性。

我时尚又传统，这是我为什么在职业生涯中喜欢穿西装打领带的原因。我用微笑传递自己的大度和分享精神，我喜欢穿中性色调的衣服，例如蓝色和白色衬衫搭配灰色西装及领带，这样大家很容易区别并记住我，这是我个人品牌 DNA 的广告牌。

我们每个人都是独特的个体，对照自己的期待，去发掘自己独特的个人品牌 DNA 和密码吧！

毕加索
Pablo Picasso

谈到艺术领域的个人品牌，我选择讲述巴勃罗·毕加索（Pablo Picasso）和一位女性的故事，她也是一位画家，名叫弗朗索娃·季洛（Françoise Gilot），她是毕加索的妻子之一，也是帕洛玛·毕加索（Paloma Picasso）的母亲。

她被称为唯一抛弃毕加索的女人，她的故事很精彩，2021年她正好100岁高龄。她仍然在画画，99岁时在纽约成功地举办了画展。她是诸多坚强独立的女性中的一员，她知道如何对家人和社会压力说不，以保持对自己的忠诚。

在著名摄影师罗伯特·卡帕（Robert Kappa）为她拍摄的照片中，可以看到毕加索似乎被弗朗索娃迷住了，她也许是毕加索一生中最爱的女人，但她也是唯一抛弃毕加索、对他说不的女人。

她出生在塞纳河畔纳伊市（Neuilly Sur Seine）一个传统的法国家庭，叛逆的个性使她逃离了反对她从事艺术创作的父亲。1943年，她在巴黎遇到61岁的毕加索，当时她21岁，是一位年轻画家。

他们在巴黎的一家西班牙餐馆偶遇，为了引起她的注意，毕加索请服务员给她端来一碗樱桃，这在战争时期是一种真正的款待。像许多艺术家一样，毕加索经常在绘画中回忆他一生中的情感时刻，这碗樱桃在他的画作中频繁出现。

她在巴黎展出她早期的绘画作品，毕加索秘密参观了展览，并称赞她拥有前途无量的才华。

战争是毕加索所熟悉的，他经历的第一次战争是在西班牙，这让他在1937年创作了《格尔尼卡》，以控诉纳粹对格尔尼卡的轰炸。他的画反映了他对时代的悲观看法，也反映了他与当时的情人 Dora 之间的紧张关系，那时 Dora 与他生活在一起。

作为一名年轻的画家，弗朗索娃•季洛（Françoise Gilot）一直在认真选择她的艺术方向。她对具象艺术感兴趣，她加入了一个画家俱乐部，俱乐部由极具魅力的画家 Nicolas de Stahl 领导，他很强势，并敦促她专注于抽象艺术，她强烈的个性让她拒绝了他，她是个敢于说不的女性。

没过多久，毕加索就邀请弗朗索娃参观他的巴黎工作室，此举显然是想引诱她，就像他过去对其他情人所做的那样。但她坚韧的个性让毕加索感到惊讶，她知道他在干什么，她对情爱游戏并不感兴趣。她打扮得很漂亮，并明确表示她决定与他开始一段恋情，她不必表态，而是让他对她说"是"。

据她回忆，由于战争，她的大多数男性朋友都失踪了，她命中注定会在如此悲惨的情况下遇到毕加索，在她生命中需要支持的时刻，毕加索热情地陪伴她。

战争时期是非常特殊的，因为在这种时期常常会发生完全不可能发生的爱情故事。死亡离人们如此之近，以至于人们用不同的眼光看待爱情关系。

弗朗索娃对骑马非常热爱，她经常去布洛涅森林或圣日耳曼森林骑马，毕加索常到那里寻找她。

人们经常会在潜意识中对某种东西产生恐惧，毕加索从小就喜欢斗牛运动，但他害怕马。弗朗索娃有着鲜明且独立的个性，这与她每天骑马的习惯有关，这一事实似乎吓坏了毕加索，但又吸引着毕加索。

弗朗索娃与毕加索的关系从一开始就是紧张的，毕加索想占据主导地位，却无法完全成功地控制弗朗索娃。

弗朗索娃与毕加索在一起的十年里一直在画画，她将自己的画作为表达自我感情的源泉。他们同居后不久，她就画了这幅画：画中，她颠倒了亚当和夏娃的故事——亚当强迫夏娃偷吃了禁果。

毕加索属于这一类人，他不仅希望看到世界以他为中心，而且希望控制世界，他不能接受与弗朗索娃分离，也不认为离开毕加索的弗朗索娃会快乐。

爱情让人妥协，弗朗索娃接受了和毕加索在一起的生活，他们在法国南部定居下来，在那里，毕加索感觉与西班牙很近。由于佛朗哥的独裁，他仍然不能回到西班牙。人类的心理是复杂的，尽管毕加索对女人有很强的占有欲和控制欲，但这一次，毕加索似乎被他无法轻易主宰弗朗索娃的事实所吸引。

她因为他的普世主义而爱他，尽管他已 68 岁，但他仍有无尽的好奇心和年轻的心态。

他们住在 Antibes，一起并肩工作。弗朗索娃第一次怀孕，这是他们的幸福岁月，毕加索为弗朗索娃绘制的多幅肖像中都流露着喜悦，这个时期，毕加索画作里的弗朗索娃是圆圆的。而弗朗索娃的回应是，她要自己画自己的肖像，因为她想控制自己的形象，不让毕加索看到。

他们在 Vallauris 定居下来，Vallauris 是一个以陶器工艺而闻名的小城。他们和儿子 Claude，以及不久后出生的女儿 Paloma 生活在一起，毕加索感觉自己更年轻，并与陶瓷艺术重新建立了联系。毕加索为女儿取名为 Paloma，这在西班牙语中是鸽子的意思。鸽子从童年起就在毕加索的生活中扮演着重要的角色，毕加索的父亲是一位动物画家。

孩子是他们的模特，毕加索和弗朗索娃继续着他们的艺术对话，创作了大量以孩子为主题的画作，传达了他们自己的视觉和美学特色。

他们一起去阿尔勒参观斗牛活动，度过快乐时光。斗牛让毕加索回想起他在西班牙快乐的童年生活，牛是毕加索最爱的动物之一，公牛为生命而战斗。在他的画作里，斗牛士骑着马，这匹马的灵感便来自弗朗索娃。

在纪录片中，弗朗索娃把她卸下的左轮手枪的枪管拿回来，把烟吹掉，然后问道："我把枪放下了吗？"1943 年，这位年轻女子在被占领的巴黎的露台上遇到了毕加索，她 21 岁，他大她 40 岁。这部纪录片讲述了两人接下来约十年的幸福和矛盾，以及这位画家如何摆脱抑郁或自杀倾向，这也是许多艺术家伴侣的共同命运。

"他总是抱怨不了解我，但这是我故意的，如果不是的话，他会利用这个机会毁了我。"这位 100 岁的老太太带着略显狡诈的微笑说道。在她的画展开幕式上，她容光焕发，神采奕奕，尽管这位艺术家在某种程度上是冷战的受害者："1963 年，当我的书《与毕加索生活在一起》在我居住的美国出版时，许多人试图在法国禁止这本书。"

后记 奢侈品与可持续性循环经济
Luxury with Circular Economy

"地球不是我们从父母手中继承来的，而是我们从孩子那里借来的。"你同意这句话吗？在这里，我想和大家聊聊再生经济以及我们的消费行为。

我们的祖先花了几千年的时间，才了解到地球不是平的而是圆的。我们不能再花这么长的时间，才明白要把目前的线性经济变成循环经济（Circular Economy，循环经济是以资源节约和循环利用为特征，与环境和谐的经济发展模式）。

环境问题是我们的当务之急，人类每年消耗的资源是地球资源的 1.6 倍，这不仅关乎碳排放量，还关乎土地、森林、矿产和渔场，所有人和全行业都必须为环保做出贡献。

制造业必须生产出质量更高的商品来延长使用寿命，每个人也应该本着买少且买精、吃少但吃好的消费和生活方式，以质量而非数量取胜。我们选择网络或数字化内容也应遵循这个规律，大家肯定明白我的意思。

让我们以奢侈品为例，为什么奢侈品行业应该融入循环经济的概念？

奢侈品行业创造美丽的产品，拥抱天地美感，产品缪斯源于自然，方能造梦。所以，奢侈品行业应该站在环境保护的一线，你同意吗？

现在，它们是怎么做的呢？它们是如何融入循环经济的？

第一，资源整合的共享经济是途径之一。

到目前为止，奢侈品牌本身并没有参与租赁与二手平台的崛起过程，品牌担心这会影响销售，也会鼓励灰色市场和造假，但这与奢侈品的本质是矛盾的——卓越的品质、耐用性、永恒性。此外，招募、活跃新客户对品牌至关重要，二手产品则可以吸引新客户。

区块链现在可以保证产品的真实性，通过整个过程，包括转售，所以我相信二手及租赁平台在中国的前景是光明的，就像红布林和胖虎社区。

我和学生在纽约参观了"Rent the runway"，这是一个领先的奢侈品租赁平台，在平台租赁高端设计师服装可多达10次，然后再转售二手。不制造浪费，会员费每月69美元起，女性可以同时租赁4件设计师品牌服装，并可以经常续订。

一些奢侈品牌开始整合共享经济：历峰集团收购了大型钟表类二手平台"The watch finder"，开云集团在欧洲的合作伙伴拥有二手平台"Vestiaire Collective"，其他品牌甚至在自己的门店里出售vintage经典款。

品牌需要做得更多，这将使它们与客户进行更深的接触，从一次交易转变为持久的关系。

第二，关于生产和库存：如何减少库存，处理物流，处理碳排放？

技术和人工智能算法将有助于改善消费预测，但奢侈品零售的真正未来在于MTO（定制）制造，它甚至可以与没有门店的品牌DTC（直接面对消费者的营销模式）联系在一起。

我在课程中预测，未来实体店会发生很大的变化，这一转变的第一阶段将减少商店的库存，每天从中央仓库补充库存。路易威登的做法便非常接近这种模式，它们的店铺中通常每个尺码只有一件商品。

第二阶段应该是几乎没有库存。无库存是可能的，以豪华车预售模式为例，你经常要等品牌来生产你预订的车，可能要等 3 个月，你接受这种方式，定制产品也是如此。

要做到这一点，我认为奢侈品牌也应该减少"Collections"（集合）系列的规模，追求质量而不是数量。

许多奢侈品牌越来越多地利用时尚来销售更多的产品，但在起源上，奢侈品和时尚是完全不同的：奢侈品是永恒的，时尚是变化的，且追随趋势。因此，为了融入循环经济，奢侈时尚品牌也应该在它们的系列中加强永久、永恒的经典款。

在面料供应方面，可以更容易对这些经得起时间考验的产品进行订制服装。如果我预订了一套阿玛尼的经典西装，我可以接受等待数周时间，等套装制作完成并交付。为了减少碳排放，在购买奢侈品的时候，你是不是也能接受等待 2~3 周的时间呢？

第三，减少浪费。

减少浪费包括很多环节。在产品生产中，更多使用可回收配件，便于最终产品的回收。

生产制造更加本地化，提供更多的产品维修服务以延长使用寿命。

Petit H 爱马仕实验室多年前就倡议回收生产中未使用的织物和配件（Petit H 爱马仕实验室，由爱马仕家族第六代成员 Pascale Mussard 于 2010 年在巴黎创立，利用从爱马仕其他工艺部门回收的材料，创作各种奇思妙想的小配件）。

创新和技术可以提供帮助：Stella McCartney 与 Adidas 合作开发了 Vegan 运动鞋，爱马仕宣布使用蘑菇纤维生产包袋。

从本质上讲，奢侈品是一种传递，奢侈品行业有责任在向下一代传递可持续发展的地球理念方面发挥先锋作用。

奢侈品牌应该身体力行这句名言：地球不是我们从父母手中继承来的，而是我们从孩子那里借来的。